LIVRO DEZ
O MÉTODO

GPBALANCE

YOGA HORMONAL MULHER + HOMEM

Método terapêutico desenvolvido por Gustavo Ponce (GP) para despertar e reequilibrar os hormônios de mulheres e homens.

GUSTAVO PONCE

www.gpbalance.com

Tradução portuguesa de Juliana Fridrich Palermo

GPBALANCE, Livro 10. Segunda edição.

Tradução portuguesa de Juliana Fridrich Palermo

Design e produção

Patricio Castillo Romero www.entremedios.cl

Editado no Chile

Conteúdo do Livro Dez

Introdução 8
As ferramentas do GPBALANCE 13

1. A Respiração 14
2. Mudras 18
3. Asanas 25
4. Prana 25
5. Nadis 25
6. Sankalpa 26
7. Chakras 26
8. Bandhas 32
9. Visualização e concentração 35
10. Meditação (Contemplação) 35
11. Neo-Tummo 35
12. Yoga Nidra 35

As técnicas do GPBALANCE 37
Primeira seção 39

1. Kaya Sthairyam 40
2. Sankalpa 40
3. Bija Mantras 40
4. Prana Vidya (Chakras e Bija Mantras) 42
5. Kapalabhati 45
6. Bhastrik 1 47
7. Bhastrik 2 48
8. Rotação da Coluna Vertebral 50

Segunda seção 51

9. Inclinação Pélvica Anterior e Posterior 53

10. Torção Pélvica Lateral 55

11. Técnica da Dinah 56

12. Ponte em Colapso 58

13. Prana-Apanasana 59

14. Borboleta – Uddiyana Bandha 60

15. Torção Com As Pernas Dobradas (coluna lombar e abdômen) 61

16. Ardha Navasana (coluna lombar e abdômen) 62

17. Círculos com as Pernas 63

18. Elevação das Pernas dobradas até o abdômen 64

19. Despertar do Swadisthana 65

20. Torção da Coluna Lombar 66

21. Torção da Coluna Vertebral 67

22. Supta Gomukhasana 68

23. Ardha Gomukhasana 69

Terceira seção 71

24. Respiração e Torção 72

25. Alongamento do corpo todo 74

26. Uttanasana com as pernas cruzadas 75

27. Surya Namaskar 76

28. Parsvottanasana-Prasarita –Ekapadasana 79

29. Ardha Malasana 81

30. Glândulas Tireoide, Paratireoide e Pineal, e massagem nos rins ... 82

31. Samba, Inclinação Pélvica Anterior e Posterior e rotações (torções) 83

32. Equilíbrio 1 e 2 84

33. Prana Mudra 85

Quarta seção 87

34. Inclinação da Pélvis, Escápulas e Coluna 89

35. Pineal, Pituitária e Hipotálamo 91

36. Meia Prancha 92

37. Esfinge 1 e 2 93

38. Pressão do Osso Púbico 94

39. Transição1: Urdhvamukha, Adhomuka, Prancha, Adhomuka, barriga para cima 95

40. Ciclo Navasana 96

41. Posturas Invertidas 97

42. Posturas Finais 100

Quinta seção 102

43. O Riso da Glândula Timo 104

44. Uddiyana Bandha 105

45. Agnisara Dhauti 107

46. Nauli 108

47. Ashwini Mudra 110

48. Nadi Shodhana Pranayama 112

49. Meditação (Contemplação) e Sankalpa final 115

50. Neo-Tummo e Shavasana 119

Principais fontes de referência dos 10 livros da coleção yoga GPBalance 122

I
Introdução

"Nossa saúde é nossa responsabilidade!" é o que clama Kausthub Desikachar, neto de Krishnamacharya, criador do Hatha Yoga moderno.

Colocar nossa saúde completamente nas mãos de outras pessoas nos coloca em uma situação de vulnerabilidade. Pensamos que podemos ignorar os sinais e sintomas que o nosso corpo nos dá e nos entregamos à um estilo de vida irresponsável e insaciável que, mais cedo ou mais tarde, nos adoecerá.

Nossa dieta e estilo de vida são fatores que contribuem imensamente para quase todas as doenças da atualidade. Criamos um estilo de vida centrado no trabalho que nos deixa pouco tempo para o autocuidado ou mesmo para desfrutar das refeições que fazemos. Nós automatizamos a cadeia de fornecimento de alimentos e a transformamos em uma indústria de conteúdo geneticamente e quimicamente modificado. Animais não podem viver naturalmente, nem frutas e vegetais. Vacas não deveriam viver em celeiros controlados por robôs, nem plantas deveriam ser   cultivadas em laboratórios controlados. Deveriam ser alimentados pelo sol, pelo vento, pela água e outras forças naturais. Nunca precisaram de injeções constantes de produtos químicos ou interferência humana. Tudo o que tocamos torna-se sem vida.

Esquecemos também que somos seres humanos (a ênfase é na palavra "seres"). Em vez disso, nos tornamos máquinas humanas, trabalhamos dia após dia apenas para ganharmos dinheiro. Nem mesmo trabalhamos naquilo que somos bons ou com o que amamos. Em vez disso, perseguimos o que achamos que nos trará mais dinheiro, e em vez de perseguirmos nossa paixão, começamos a perseguir a insanidade. Não só nos tornamos insensíveis aos nossos verdadeiros potenciais, mas também nos tornamos apáticos com o que está acontecendo ao nosso redor. Não paramos para sentir o aroma das flores, ou ouvir o canto dos pássaros ao nosso redor, ou sentir o vento soprando em nosso rosto ou outras coisas simples que nutrem nosso ser profundamente. Olhamos para a tela de nossos celulares e desaparecemos no mundo da fantasia das mídias digitais, em vez de olhar, sorrir ou falar com a pessoa sentada ao nosso lado.

Saúde é uma responsabilidade fundamental e, se não nos responsabilizarmos por nós mesmos, ninguém fará isso por nós. Faça exercício. Alimente-se de forma saudável. Durma o suficiente e tome sol. Relacione-se com as pessoas certas. Descubra e cultive suas paixões. Aceite que a vida é feita de altos e baixos.

GPBALANCE é sobre nos apropriarmos de nossa saúde. Nossa vida é impactada por ameaças à nossa saúde, afetando até mesmo nosso DNA. Algumas delas são resultado de produtos químicos tóxicos presentes no ar que respiramos, nos alimentos que comemos ou absorvemos por meio de nossa pele a partir de produtos domésticos e outras fontes ambientais. Outras questões ameaçam nossos corpos, como por exemplo, inflamações e infecções, mas a pior das ameaças acontece dentro de nossas mentes em forma de pensamentos e emoções que geram consequências devastadoras para nossa saúde. Por isso, a importância de manter um bom equilíbrio psicossomático. BALANCE (EQUILÍBRIO) é a palavra-chave.

Em comparação com a maioria dos métodos de Hatha Yoga, a demanda física é relativamente menor no GPBALANCE YOGA, no entanto, exige muita concentração, pois, durante toda a prática, diferentes tipos de respiração são usados ao contrair os esfíncteres internos tendo ao mesmo tempo que pressionar a língua no palato mole. Podemos dizer que a linha de conexão entre todas as técnicas é a respiração.

Todos os dias, nossas células consomem por volta de 800 gramas de oxigênio. Respirar é tão importante quanto a nossa alimentação e a prática de atividade física. O problema é que a maioria das pessoas não respira apropriadamente. Para começar, muitas pessoas respiram pela boca. Isso não só é errado como também é terrível! Devemos aprender a exalar todo o ar de nossos pulmões para que possamos inspirar mais. A maioria das pessoas utiliza apenas uma pequena fração da capacidade pulmonar em cada respiração, o que exige de nós respirar mais vezes e inalar menos ar. Respirar de forma correta, pode trazer mais energia e acalmar as emoções.

Meditação, visualizações e relaxamento são os pilares mais importantes.

A maioria das pessoas que pratica yoga regularmente, certamente tem mais massa cinzenta no cérebro e níveis hormonais mais equilibrados do que as pessoas que não praticam. Isso ocorre porque as posturas que um praticante de yoga faz estão sempre acompanhadas da respiração, principalmente da exalação, que ativa o sistema nervoso parassimpático. Em outras palavras, é antiestresse.

GPBALANCE traz consciência para os diversos aspectos do nosso corpo que, até para a maioria dos praticantes experientes, são desconhecidos. Lembre-se que a proposta do Método é equilibrar nossas energias, para que nem a energia positiva (solar) ou a negativa (lunar) sejam predominantes nos nossos sistemas corporais, especialmente o endócrino.

Algumas das técnicas utilizadas no Método pertencem à "família Shalabhasana" (com o púbis pressionando o chão) pois aumenta drasticamente a libido tanto em homens quanto em mulheres, uma vez que ela tende a diminuir com a idade, além de ajudar também a manter a coluna saudável e fortalecida. As várias técnicas de Hatha Yoga usadas no GPBALANCE harmonizam e rejuvenescem o corpo todo, reequilibrando os sistemas endócrino, nervoso, respiratório e circulatório.

GPBALANCE é composto por 50 técnicas divididas em 5 seções: A primeira e a quinta e última são realizadas na posição sentada com a coluna ereta; a segunda seção é feita na posição deitada com as costas no chão; a terceira seção é composta por diversas posturas em pé (uma parte dessa seção é opcional uma vez que algumas pessoas podem apresentar dificuldades por motivo de idade ou condição física); a quarta é realizada com o rosto em direção ao chão. Cada seção e técnica será detalhada ao longo do livro.

A prática completa leva aproximadamente 1 hora e 15 minutos. A meditação e o relaxamento podem durar mais meia hora. Já que a maioria das pessoas não consegue disponibilizar tanto tempo para a prática completa, é possível adaptá-la ao tempo disponível. Sugerimos o mínimo de 20 a 30 minutos diários. Alguns dias você pode praticar exclusivamente a primeira e segunda seção; nos outros dias você pode concentrar-se nas outras seções. Ao praticar GPBALANCE, você criará sua própria rotina. Recomendamos evitar praticar após o jantar. Pratique sempre com o estômago vazio. O melhor horário é cedo, antes do café da manhã.

O corpo digere melhor a comida quando a mente está calma. Para acalmar a mente, o estômago precisa estar vazio. Se o sistema nervoso está agitado enquanto nos alimentamos, os hormônios do stress irão interferir na secreção de sucos gástricos (bile, enzimas e ácido gástrico).

Mulheres no período menstrual não são aconselhadas a praticar Bhastrika ou Kapalabhati. Elas devem substituir pela respiração Ujjayii.

II
As ferramentas do
GPBALANCE

1. A Respiração

Não há yoga se não estivermos conscientes de nossa respiração. No Yoga chamamos a respiração de **Pranayama**, e significa "regulação consciente da respiração". Essa prática tem efeitos importantes no corpo, mente e emoções. Acalma a mente e nos permite penetrar em seus mistérios. Nossa respiração está intimamente ligada ao nosso estado mental. Fica mais curta quando temos medo; ela vai para o peito quando estamos estressados; é irregular quando estamos ansiosos; é suave e pacífica quando estamos relaxados. O Pranayama foi criado para controlar a mente. O fluxo e o ritmo da respiração estão diretamente ligados ao fluxo e ritmo dos nossos pensamentos. Portanto, quando conseguimos controlar a respiração, conseguimos controlar nossos pensamentos.

O Pranayama purifica e reequilibra os Nadis e desperta o Prana, então, deveria ser praticado todos os dias; os resultados não são imediatos, como no caso dos Asanas, mas a sua prática é uma das melhores formas de diminuir o envelhecimento do corpo.

Nós usamos 5 tipos diferentes de respiração: a normal/natural, porém consciente, Ujjayi, Bhastrika 1, Bhastrika 2 e Kapalabhati. Na primeira seção deste livro, praticaremos cada uma dessas técnicas de respiração porque são utilizadas nas seções seguintes. Sem o domínio dessas técnicas, não é possível praticar GPBALANCE. É o coração do método. Essa é a razão pela qual, quando ensinamos GPBALANCE, dedicamos tanto tempo à primeira seção.

Além dessas técnicas, usamos também Pranayamas como Simhasana, Surya e Chandra Bhedhana, e Nadi Shodhana. E, claro, Kumbhaka (Antar e Bahya Kumbhaka).

Ujjayi: é recomendável começar a praticar essa técnica depois de já dominar a respiração yóguica completa (usando a capacidade total dos seus pulmões) e ser capaz de fazer o Samavrtti Pranayama (mesmo tempo de respiração na inspiração e na expiração). Ujjayi significa "vitorioso/a". É também chamada de respiração "oceânica". Ujjayi é o Samavrtti Pranayama feito com o fechamento parcial da garganta. Quando realizado corretamente, um som típico origina-se da glote (uma abertura em formato de fenda localizada na base da faringe, é uma válvula que controla o fluxo de saída e entrada de ar para os brônquios e pulmões). O som deve ser uniforme, macio e suave. Quando você praticar os Asanas, o som guiará sua prática.

A respiração Ujjayi é melhor quando realizada juntamente com Khechari Mudra, Mula e Uddiyana Bandha. Nos ensina a arte de prolongar a inspiração e a expiração. Ajuda pessoas com cardiopatias congênitas e com pressão alta. Mostra-se benéfica também às pessoas que sofrem com asma e depressão. Ela estimula uma limpeza natural das vias nasais.

(Bhastrika 1, Bhastrika 2, Kapalabhati, Surya e Chandra Bedhana, e Nadi Shodhana serão detalhadas na próxima seção).

Kumbhaka: ao final de cada inspiração a respiração pausa naturalmente, por alguns milésimos de segundo, antes de iniciar a expiração. Da mesma forma, ao final de cada expiração há uma pequena pausa antes da próxima inspiração. O ciclo respiratório possui 4 estágios: inspiração, retenção com os pulmões cheios, expiração, retenção com os pulmões vazios. A arte de prolongar conscientemente as retenções é chamada de "kumbhaka". Isso mantem o Sadhaka (aluno) em completo silêncio físico e mental. É sempre realizado com Jalandhara Bandha.

Quando a respiração é contida, impulsos nervosos são interrompidos em diferentes partes do corpo e os padrões de ondas cerebrais são aproveitados. Quanto mais tempo a retenção do ar for mantida, maior será a distância entre os impulsos nervosos e suas respostas no cérebro. Quando a retenção do ar é mantida por um período prolongado, a agitação mental é reduzida. Tecnicamente falando, e de acordo com Patanjali,

"Pranayama é a interrupção do movimento de inalar e exalar." (Sutra 49). A retenção é importante pois permite mais tempo para a absorção do Prana, assim como permite mais tempo para a troca de gases nas células, isto é, oxigênio e dióxido de carbono. A palavra Kumbhaka significa cântaro (pote, jarro), como aqueles usados por mulheres indianas para carregar água na cabeça. O tórax é como um pote que preenchemos completamente com ar. A tampa desse pote chama-se Jalandhara Bandha. Para manter a pressão do ar dentro dos pulmões precisamos regular a queda do diafragma para proteger os músculos do coração. A retenção do ar com os pulmões cheios ou vazios não pode alterar a próxima exalação ou inspiração. Existem 2 tipos de Kumbhaka:

- **Antar Kumbhaka**: retenção do ar depois de inspirar. Ajuda a aumentar nossos níveis de energia e a fortalecer o sistema nervoso. É recomendado para pessoas com pressão baixa.

- **Bahya Kumbhaka**: retenção do ar depois de exalar. É recomendado para pessoas com pressão alta pois relaxa o sistema nervoso e promove serenidade e tranquilidade. Não é recomendado para pessoas com depressão ou pressão baixa.

- **Simhasana**: postura do leão rugindo

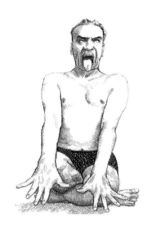

A postura do leão rugindo, ou Simhasana em sânscrito, é o que faremos na 5ª seção do GPBALANCE, antes de Uddiyana Bandha, Agni Sara Dhauti e Nauli. Fazemos apenas uma vez para exalar completamente o ar dos pulmões, colocando a língua para fora da boca e rugindo como um leão. Essa postura foi descrita não século X como "*Vimanarcanalalpa*".

O corpo pode estar em três formas diferentes: como na imagem, com as palmas das mãos pressionando firme os joelhos e balançando as palmas das mãos e dedos como as garras afiadas de um leão, com as pernas em lotus enquanto faz Urdhva Mukha Svanasana ou em Sukhasana. Essa última variação é a que utilizamos no GPBALANCE porque a ênfase não é tanto em Simhasana, mas na técnica seguinte, no entanto, se quiser colher os benefícios dessa técnica maravilhosa, precisará fazer por pelo menos cinco minutos.

Vamos entender um pouco da ciência por trás do Simhasana. Sabe-se que elimina toxinas e estimula nossa garganta e a região superior do tórax. Relaciona-se com a tireoide e com o quinto Chakra. Esse Chakra é o centro de criatividade, comunicação e expressão.

Você pode fazer a postura do leão rugindo para limpar a garganta se estiver com a boca seca ou coceira na garganta. Esse asana também promove relaxamento dos músculos da face e pescoço. É também útil quando usou muito os músculos para falar ou enquanto está se concentrando. Estimula as pregas vocais e o diafragma e, por esses motivos tornou-se um exercício de respiração favorito para cantores(as) e pessoas com deficiência na fala, como a gagueira. Diz-se que Simhasana pode ajudar pessoas que sofrem de asma. Simhasana ajuda a manter o platisma firme à medida que envelhecemos. O platisma é um músculo plano, fino e retangular na frente da garganta. É um músculo superficial que se sobrepõe ao esternocleidomastóideo. Suas fibras cruzam as clavículas prosseguindo obliquamente para cima e medialmente ao longo da lateral do pescoço. Simhasana também ativa os três Bandhas principais: Mula, Uddiyana e Jalandhara Bandha.

Esse asana ajuda muito a melhorar a textura e o tom da voz além de auxiliar pessoas introvertidas, tímidas ou nervosas a ganharem confiança. Você ainda pode usar um "Drishti", ou olhar focado, em direção ao terceiro olho, isto é, o ponto entre as sobrancelhas (*bhru-madhya-drishti*; *bhru* = sobrancelha; *madhya* = meio, dentro). Outra opção é concentrar-se levando o foco do olhar para a ponta do nariz (nasa-agra-drishti; nasa = nariz; agra = ponto ou parte principal, i.e., ponta).

Como fazer a respiração do leão rugindo:

1. Encontre uma posição confortável para sentar-se.
2. Incline-se ligeiramente para a frente, apoiando as mãos nos joelhos ou no chão.
3. Abra os dedos das mãos o máximo que puder.
4. Inspire pelo nariz. Faça uma inspiração lenta e profunda pelo nariz.

5. Ao final da inspiração, abra a boca e estenda a língua para fora tanto quanto possível em direção ao queixo, abra bem os olhos, contraia os músculos da frente da garganta, e exale fortemente, produzindo um claro e contínuo som de "aaaah". A respiração deve passar por trás da garganta.

6. Respire normalmente por alguns instantes.

7. Repita a respiração do leão rugindo por 5 minutos, depois continue respirando normalmente.

2. Mudras

Um Mudra é um gesto que facilita o fluxo de energia no corpo sutil. Nos ajudam a voltarmos para o nosso interior. Cada Mudra pode estimular áreas diferentes do cérebro criando um circuito de energia no corpo que ajuda a gerar um tipo de estado mental específico. Um Mudra pode mobilizar o corpo todo ou parte dele, mais frequentemente as mãos. Usado com a respiração yóguica revigora o fluxo de Prana no corpo. Há muitos Mudras, mas no GPBALANCE os mais usados são Anjali, Gyan (Chin) e Khechari. Mas também usamos Shambabhi, Prana, Ashwini e Vajroli.

Anjali: é provavelmente o Mudra mais conhecido. O gesto expressa respeito e gratidão. Simboliza amor e honra para com você e o universo. Yogis usam-no no início ou no final da prática enquanto vocalizam a palavra Namaste. As palmas das mãos são unidas em frente ao peito, pressionando levemente as mãos umas contra as outras, o centro cardíaco se levanta em direção às mãos.

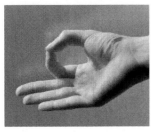

Gyan (or Chin): este gesto tem a intenção de melhorar a concentração, a criatividade e aguçar sua memória. Este é um grande selo para usar quando se busca obter conhecimento. Para isso, una as pontas do polegar e do dedo indicador, e mantenha os outros três dedos juntos, ligeiramente esticados e relaxados. Quando quiser se sentir mais aterrado, apoie as mãos nos joelhos, palmas das mãos viradas para baixo. Alternativamente, quando você se sentir aberto e receptivo, descanse as mãos sobre as pernas, com as palmas das mãos viradas para cima. Este Mudra simboliza o conhecimento, a união da alma individual (representada pelo dedo indicador) com o Ser Supremo (representado pelo polegar).

Gazing Point

Shambabhi Mahamudra Kriya: Também chamado de "Olhar/Foco no Ponto entre as Sobrancelhas", uma maneira poderosa de ativar o Chakra do terceiro olho. Quando você ativa este Chakra, você ganha uma visão da verdadeira natureza das coisas, e toca sua intuição e perspicácia psíquica.

"Seu terceiro olho pode ser usado de muitas maneiras. Os videntes usam seu terceiro olho para entender conexões ocultas e responder perguntas. Os trabalhadores de energia "sentem" as energias ao seu redor para manipular conscientemente essa energia. E toda vez que você sente empatia, você está usando seu terceiro olho para tocar e sentir as emoções dos outros.""

Há muitas maneiras de praticar Shambabhi Mudra. Algumas são muito elaboradas e duram 21 minutos. Pessoalmente, acho que é o suficiente olhar para o ponto onde suas sobrancelhas se unem sem esticar os músculos oculares. As pálpebras fecharão automaticamente. Os praticantes mais avançados concentram-se no espaço entre as sobrancelhas, virando os dois olhos para cima. Com a prática, o olhar se torna involuntário, e experimenta-se a união com o Ser Supremo (*samadhi*) espontaneamente. Mesmo quando os olhos estão fechados, o Sadhaka pode observar o objeto de foco no espaço interno de sua mente (*Chidakasha*).

Outros benefícios: ajuda promover a comunicação entre os hemisférios esquerdo e direito do cérebro; aumenta as ondas cerebrais theta e delta; ajuda a alcançar estados mais elevados de consciência; fortalece os músculos dos olhos; ativa Ajna Chakra e é um tratamento natural para redução do estresse.

PRANA
MUDRA

-**Prana Mudra**: este Mudra é normalmente feito usando as mãos com as quais fazemos a respiração alternada. No próximo capítulo é explicado em detalhes.

-**Ashwini:** descrito no capítulo a seguir.

-**Vajroli Mudra**: é uma das maneiras que o yoga usa para prevenir a ejaculação precoce e distúrbios urinários. Com a preservação do sêmen combinada com as práticas yóguicas, a nova energia que você produz é transferida para cima em direção ao cérebro e centros espirituais mais altos. No GPBALANCE não usamos exatamente esta técnica, mas uma variante leve. No entanto, para ampliar seu conhecimento sobre yoga, é bom saber algo sobre esse assunto. Segue aqui um longo artigo da Bihar School of Yoga, 1985:

Atitude do Raio *(Hatha Pradipika, versículo 83) "Mesmo qualquer um vivendo um estilo de vida livre sem as regras formais do yoga, se praticar bem o Vajroli, receberá Siddhis (perfeições). Vajra é "raio" ou "relâmpago". É também a arma de Lorde Indra e significa "poderoso". Vajra neste contexto refere-se ao Vajra Nadi que governa o sistema urogenital. É a segunda camada mais interna de Sushumna Nadi. Vajra Nadi é a energia que flui dentro da coluna vertebral e governa os sistemas sexuais do corpo. Na vida mundana é responsável pelo comportamento sexual. Este aspecto foi chamado de "libido" pelo Dr. Freud e como "orgone" pelo Dr. Reich. No Sadhana Tântrico esta energia não é suprimida, mas é despertada e redirecionada. Mudras como Vajroli, Sahajoli e Amaroli são aqueles que especificamente sublimam energia sexual em Ojas (vitalidade) e Kundalini Shakti.*

De acordo com o Shatkarma Sangraha existem sete práticas de Vajroli. A prática envolve anos de preparação que começa com a simples contração dos músculos urogenitais e, posteriormente, com a sugação de líquidos. Somente depois de aperfeiçoar o sexto treino, o sétimo pode ser experimentado pelo yogi com sucesso. Essa é a prática incluída na Maithuna, relações sexuais yóguicas. Por meio da prática de Vajroli, a energia sexual, hormônios e secreções são reassimiladas pelo corpo. O resultado é a união dos polos negativos e positivos de energia dentro do próprio corpo.

No geral, as pessoas herdaram um conceito de que essas práticas não são naturais ou que são ruins. Muitos comentaristas do Hatha Pradipika evitam discutir a questão descartando-as como práticas obscenas permitidas nas castastântricas inferiores. Obviamente, eles têm uma compreensão incorreta da prática. As pessoas inventaram a ideia de que a vida espiritual é separada da vida mundana e do corpo físico por causa do condicionamento religioso passado que tornou a prática sexual uma perversão. Essas pessoas deveriam entender que a vida espiritual não é anti-sexual e a vida sexual não é anti-espiritual.

É claro que, o celibato tem suas próprias recompensas, mas de acordo com o Tantra deve surgir espontaneamente, não da supressão. Vida espiritual significa desenvolver consciência aplicando a mente superior às experiências do corpo. O que quer que façamos, deve ser um meio de criar yoga em nosso ser. Por que a vida sexual deveria ser excluída? A vida sexual pode ser elevada do plano sensual ao espiritual se for praticada de certa forma, e para esta finalidade, o Vajroli Mudra foi prescrito.

Uma pessoa que tem o controle perfeito do corpo e da mente é um yogi em todas as situações. Uma pessoa que se empanturra com comida, por exemplo, é tão "obscena" quanto uma pessoa que se entrega à atos sexuais incontroláveis. A vida sexual tem três propósitos, e isso deve ser entendido. Para a pessoa tamásica, é procriação; para a pessoa rajásica, é prazer; para uma pessoa sátvica, é a iluminação.

O desejo de liberar sêmen é um impulso instintivo experimentado em toda a natureza, não apenas pelos humanos. Portanto, não deve haver culpa ou vergonha associada. A consciência animal não é o estágio final no destino evolutivo do ser humano. O potencial do homem para a "felicidade" pode ser estendido além da experiência momentânea que acompanha a liberação do sêmen. Sêmen e óvulo contêm o potencial evolutivo e se puderem ser controlados, não apenas o corpo, mas também a mente pode ser controlada.

A natureza proporcionou o mecanismo de liberação do sêmen, mas, embora geralmente não se saiba, a natureza também forneceu um meio de controlar esse mecanismo por meio de várias práticas de hatha yoga. Se a liberação de sêmen e óvulos pode ser controlada, surge uma nova gama de experiências. Essas experiências também são dadas pela natureza, mesmo que apenas algumas pessoas as tenham experimentado. Portanto, as técnicas não deveriam ser consideradas contrárias à ordem natural.

Embora a ciência médica tenha, no geral, falhado em reconhecer o fato, a liberação descontrolada de sêmen ao longo da vida contribui para a deterioração prematura das capacidades vitais do cérebro, sobrecarrega o coração e esgota o sistema nervoso. É uma questão de grau e não há limite para a perfeição. Muitos homens morrem prematuramente de exaustão física e mental com seus sonhos insatisfeitos e seus objetivos não alcançados. No entanto, se o processo de liberação sêmen puder ser detido, de forma que a energia e os espermatozoides não escapem através do órgão generativo, mas sejam redirecionados para os centros cerebrais mais altos, então um maior despertar pode ocorrer; uma visão maior pode ser realizada, e um maior poder vital pode ser direcionado para a realização na vida.

Se Vajroli for bem praticado, mesmo em um estilo de vida livre, as conquistas do Yogi na vida serão maiores, e uma maior fonte de poder vital e mental se tornará disponível para ele. Alguns grandes yogis e mestres tiveram essas experiências e, portanto, instruíram seus discípulos.

Na vida mundana, o clímax da experiência sexual é o único momento em que a mente se torna completamente vazia por sua própria vontade, e a consciência além do corpo pode ser vislumbrada. No entanto, essa experiência é de curta duração porque a energia é expressada através dos centros de energia inferiores. Esta energia que normalmente é perdida pode ser usada para despertar o poder adormecido da Kundalini no Muladhara Chakra. Se o esperma puder ser retido, a energia pode ser canalizada através de Sushumna Nadi e do sistema nervoso central para as áreas dormentes do cérebro e para a consciência do sono.

O ato sexual cativa totalmente a mente, mas no Tantra não deve ser uma experiência comum. A experiência deve ser mais do que algo nojento ou sensual. A consciência e o controle devem ser desenvolvidos. Os sentidos devem ser desenvolvidos. Os sentidos devem ser utilizados, mas apenas como meio de despertar a consciência superior, não a consciência animal, e para este fim, Vajroli Mudra e vários rituais tântricos devem ser aperfeiçoados.

Vajroli Mudra é uma prática importante, especialmente hoje em dia, quando a capacidade e a necessidade das pessoas de se expressar no mundo material e sensual são predominantes. Devemos agir no mundo externo e, simultaneamente, desenvolver consciência interior. O objetivo da vida deve ser alcançar uma experiência mais profunda e mais satisfatória além da experiência sensorial empírica isolada.

Toda ação, incluindo o ato sexual, deve ser direcionada para a percepção da verdade da existência. A vida espiritual não depende de viver uma moral puritana. Se você seguir tais ideais puritanos e alcançar a iluminação, então pratique-os, mas não condene outros que não o seguem. No momento em que você cria ideais rígidos de que o caminho espiritual deve ser "assim" e *não pode ser "assim" você está limitando sua própria capacidade de ter uma experiência integral.*

Spiritual unfoldment is part of evolution. It can happen slowly through millions of years as with nature, or it can be accelerated through the practices of yoga. Vajroli Mudra accelerates this rate of evolution. Practice of Vajroli regulates the entire sexual system. Testosterone level and sperm production are influenced. Even if the yogi is a householder, he does not lose the semen. Therefore, whether one has sexual interactions or not, Vajroli should be practiced".

Benefícios: ajuda a despertar e equilibrar o Chakra Sexual (Swadhisthana Chakra); ajuda a dominar suas energias e impulso sexuais; corrige disfunções sexuais como impotência e disfunção erétil; melhora a potência e a contagem de espermatozoides; ajuda a melhorar a função sexual e equilibra os níveis hormonais; desenvolve autoexpressão, criatividade e sensualidade.

-Sahajoli Mudra, Prática de Tantra Yoga Feminino

A versão feminina de Vajroli Mudra se chama Sahajoli Mudra e envolve a mesma contração muscular da versão masculina (a uretra). No homem os testículos se moverão ligeiramente, enquanto no feminino os lábios se moverão ligeiramente ao aplicar este Mudra.

Prática de Tantra Yoga Vajroli / Sahajoli:

Estas técnicas tântricas são mais sutis e requerem foco mental e concentração para aprender com maestria. Isso ocorre principalmente porque para que essas técnicas sejam mais eficazes você deve ser capaz de contrair exclusivamente a uretra e não envolver os outros músculos genitais e sexuais. Leva tempo para desenvolver esse aspecto da técnica então tenha paciência e persista. Elas são facilmente praticadas em qualquer lugar e a qualquer momento, nesse sentido, você pode encontrar muitas oportunidades ao longo do seu dia para desenvolver sua expertise.

Basicamente, você deve levar sua concentração na uretra. Inspire e tente mover a uretra para cima – você precisará contrair os músculos do abdômen inferior e do esfíncter uretral. Essa contração é a mesma de quando você tenta conter a vontade de urinar. Os testículos nos homens e nos lábios das mulheres se elevam ligeiramente quando você faz a contração.

-Khechari Mudra

Este Mudra é fundamental para a prática de GPBALANCE.

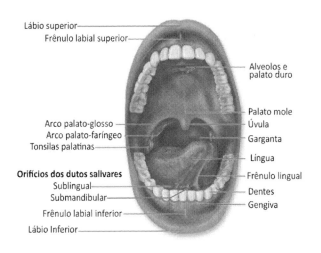

Toda a prática de GPBALANCE é feita usando esse Mudra. A sua função mais importante é despertar a energia espiritual. Está intimamente relacionado com a respiração Ujjayi. Hatha Pradipika fala muito bem deste Mudra: "Quando a língua é dobrada para cima para pressionar o palato mole é possível controlar os canais de energia Ida, Pingala e Sushumna Nadi. Este ponto se chama Vyoma Chakra". Também diz que "o yogi que mantém a língua em Khechari Mudra se libertará de toxinas e doenças e sempre permanecerá lúcido". Diz-se que este Mudra influencia todas as glândulas endócrinas porque controla as secreções do cérebro sob a influência do Ajna Chakra, o centro de energia que comanda as principais glândulas. Além disso, é dito também que afeta o hipotálamo e a medula oblonga encarregado de controlar a respiração, batimentos cardíacos, emoções, fome e sede.

O que se sabe com certeza, é que reduz a apneia obstrutiva do sono severa e o ronco. Melhor praticar Khetchari Mudra com o estômago vazio porque pode causar prisão de ventre, uma vez que o Prana necessário para digerir alimentos não chega adequadamente aos Chakras inferiores. Recomenda-se praticar Ujjayii Pranayama junto com Khechari Mudra por um mínimo de 10 minutos. A prática regular ajudará a reduzir o ritmo respiratório.

3. Asanas

A terceira seção do GPBALANCE é dedicada aos Asanas como os entendemos hoje em dia, na segunda e quarta seção iremos praticá-los também, mas de uma forma diferente. Eles são importantes porque removem bloqueios Prânicos e estimulam os Chakras auxiliando o reequilíbrio e aumentando o nível de Prana em diferentes áreas do corpo. A prática de Asanas torna automaticamente a mente estável. Os Asanas preparam o corpo para a meditação.

Os Asanas usados no GPBALANCE aumentam a flexibilidade da coluna, tonificam os músculos abdominais, reduzem os níveis de stress e regulam o sistema endócrino para reestabelecer o equilíbrio hormonal.

4. Prana

Explicação na próxima seção.

5. Nadis

"Nadi" significa "tubo", "canal". São canais invisíveis que carregam Prana pelo corpo. Poderíamos dizer que os Nadis fazem com a energia o que as veias e artérias fazem com o sangue. Dos 72.000 Nadis, três são os mais importantes: Sushumna, que percorre o centro da coluna vertebral, da base até o topo da cabeça carregando a energia Kundalini; Ida flui do lado esquerdo de Sushumna, a energia feminina. É passiva e fria e relacionada à lua. Começa no Muladhara Chakra e termina na narina esquerda, entrada da energia da lua; Pingala é o canal solar que corre ao lado direito de Sushumna. Representa o calor e a energia masculina. Começa no Muladhara Chakra (Chakra base) e termina na narina direita, entrada da energia solar.

6. Sankalpa

"Sankalpa" é uma intenção elaborada pelo coração e mente, um voto solene, uma determinação, ou vontade. Em termos práticos, uma determinação para focar tanto psicologicamente quanto filosoficamente em um objetivo específico. Um Sankalpa é uma ferramenta criada para refinar um desejo ou vontade, para focar e harmonizar mente e corpo. Fazemos o Sankalpa no início e no final da prática, no início da meditação ou do relaxamento. Um exemplo de Sankalpa pode ser: "Recupero-me desta doença".

7. Chakras

São rodas de energia ou poder espiritual. Os textos do Hatha Yoga mencionam 7. Cada um tem um símbolo, uma vibração, uma cor, um som e governam diferentes aspectos do nosso corpo e psique. São ferramentas importantes para o GPBALANCE.

Sahasrara *Cérebro, crânio, glân•ula pineal*

Agneya *Nariz, ouvi•os, olhos, visão, cerebelo, pituitária*

Vishuddi *Voz, garganta, brônquios, parte superior •os pulmões, tireoi•e, paratireoi•e*

Anahata *Parte inferior •os pulmões, coração, pele, mãos, glân•ula timo, circulação*

Manipura *Fíga•o, estômago, bile, pâncreas, sistema nervoso vegetativo*

Swadhisthana *Órgãos •o sistema repro•utor, rins, ovários, sistema •igestivo, próstata, testículo e glân•ulas sexuais*

Muladhara *Coluna vertebral, ossos, pernas, reto intestino, sangue e glân-•ulas a•renais*

Os Chakras são um sistema de energia. Fazem parte do corpo sutil ou corpo luminoso, também chamado de "aura". Eles se relacionam com o corpo físico através das glândulas, do sistema nervoso e todos os órgãos do corpo. Por isso, é importante manter o alinhamento desses centros de energia. Eles estão sempre em atividade, mesmo que não tenhamos consciência disso. Por esse motivo, qualquer Chakra desalinhado afeta os sistemas glandulares, nervoso e orgânico.

Os Chakras podem ser ativados, estimulados e equilibrados por meio de exercícios como os aplicados no método GPBALANCE.

As mudanças na energia sutil afetam o corpo físico e o biológico, por exemplo, se o Chakra da garganta está bloqueado, você pode desenvolver dor de garganta, laringite, ou dor no pescoço. Ou, ainda, se o Chakra cardíaco está desequilibrado, a pressão arterial pode variar e ocasionar problemas cardíacos. Cada Chakra governa uma glândula.

De baixo para cima:

Primeiro Chakra, (Chakra da raiz), MULADHARA. (LAM).

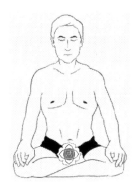

Regula o funcionamento das glândulas reprodutivas em homens e mulheres. Também influencia o funcionamento dos rins e da coluna vertebral. Dizem que o medo se esconde nos rins, nos deixando fracos. É importante descobrir a origem de uma emoção desagradável para se livrar dela. Se não fizermos isso, este Chakra, que é o Chakra raiz, desequilibrará todos os outros. O medo é a emoção que nos avisa quando há perigo, portanto, é útil, mas quando o medo é irracional, nos enfraquece.

Este Chakra se relaciona com a segurança em todos os aspectos, mais especificamente, o instinto de sobrevivência. Tem a ver com a capacidade de atendermos nossas necessidades básicas, como ter uma casa e comida. Este Chakra está associado a ter filhos, uma família. O elemento que o governa é a Terra. A necessidade de cuidar de nós mesmos. Individualidade.

A cor simbólica deste Chakra é vermelha. Representa paixão, instinto e desejo. Está intimamente relacionado com nosso sangue, e muitas vezes está associado com raiva. Também está relacionado à sexualidade, não só aos órgãos físicos, mas à nossa atitude em relação ao sexo. É nossa

Segundo Chakra, (Chakra Sacral), SWADHISTHANA (VAM).

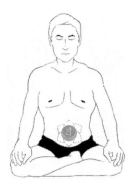 

Sensações, prazer, sexualidade e reprodução são as áreas reguladas por este Chakra. É o centro da criatividade em todos os níveis. Atua sobre a bexiga, próstata, ovários, rins, vesícula biliar, intestinos e baço. É importante desbloquear este Chakra quando há problemas sexuais. Se as gônadas não funcionarem corretamente, podem aparecer problemas como frigidez, impotência, distúrbios dos ciclos menstruais, infecções por cândida, problemas de ovário e problemas emocionais, como rejeição ou exacerbação da sexualidade.

A cor simbólica deste Chakra é o laranja. Simboliza as emoções, a necessidade de expressá-las. Também está associado a ser criativo e disposto a mudar e adaptar-se. É nosso centro de magnetismo, nossa capacidade de atrair coisas e pessoas.

Terceiro Chakra, (Centro Pancreático), MANIPURA (RAM).

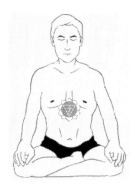

É o plexo solar (um agrupamento de terminações nervosas que regulam a função digestiva, muito sensível às tensões emocionais). Representa poder e ambição pessoal. Dinamismo e energia. Distribui energia para todo o corpo. Dizem que é o Chakra do político.

Afeta a função do pâncreas, baço, intestinos, fígado, vesícula biliar, bexiga, estômago e coluna. Problemas digestivos muitas vezes estão relacionados à nossa incapacidade de lidar com a própria vida. Quando não somos capazes de decidir, a digestão é afetada. Fúria e raiva estão associadas ao fígado. Preocupações, com o baço. Ressentimento e tristezas, à vesícula biliar. Só de pensar que a vida não tem sido justa conosco, afeta o pâncreas.

A cor simbólica deste Chakra é o amarelo.

Quarto Chakra, (Centro Coronário), ANAHATA (YAM).

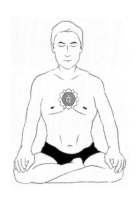

Relaciona-se com o coração, pulmões e plexo cardíaco, embora sua glândula associada seja o timo. Representa afetividade, sentimentos, devoção e amor incondicional. Dizem que é o Chakra do poeta. Ter este Chakra bem equilibrado garante um bom funcionamento do sistema imunológico.

A cor simbólica deste Chakra é verde. Essa cor representa uma natureza humanitária e compassiva. Está relacionado aos ciclos naturais e ritmos da vida. É a cor da cura. Normalmente, as pessoas que mostram uma aura verde, "falam com o coração" e podem ser muito expressivas com as mãos enquanto falam.

Quinto Chakra, (Centro da Tireoide), VISHUDDI (HAM).

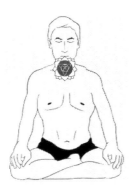 

Pescoço, garganta, laringe. Comunicação e materialização dos pensamentos. Dizem que é o Chakra do artista e do comunicador. Afeta a função do tubo brônquico, pregas vocais, sistema respiratório, e todas as partes da boca, incluindo a língua e o esôfago. Quando esse Chakra está desequilibrado pode produzir insônia, problemas de peso, queda de cabelo, tensão arterial, mudanças de humor, problemas com as pregas vocais, dores musculares e dores de cabeça. Além de dormência nas articulações, distúrbios sexuais, ressecamento da pele etc. No nível emocional, podemos ter problemas para nos comunicarmos com os outros, timidez, falta de confiança e tristeza.

A cor simbólica deste Chakra é o azul. Azul é a cor da comunicação e expressão. Atua de acordo com a capacidade de cada pessoa expressar livremente suas opiniões, desejos ou necessidades.

Sexto Chakra, (Centro da Glândula Pituitária), AJNA (OM).

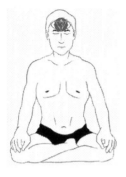 

Terceiro olho. Atividade mental, desde pensamentos analíticos até as capacidades superiores de intuição e sabedoria. Percepção extrassensorial e telepatia. Aristóteles estava convencido de que a glândula pituitária ou a hipófise poderiam excretar secreção mucosa, "pituita", em latim. Este Chakra se relaciona com os olhos, hipófise e glândulas pineais. Quando este centro de energia está desequilibrado muitos problemas e doenças graves podem acontecer.

A cor simbólica deste Chakra é o índigo. Índigo ou violeta escuro são as cores do terceiro olho e está associado ao misticismo e magia. Intuição, habilidades psíquicas, imaginação criativa.

Sétimo Chakra, (Centro da Glândula Pineal), SAHASRARA (OM).

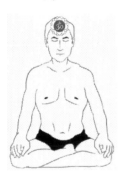 

Iluminação, vazio... nada e tudo coexistem. Tem a ver com o conhecimento intuitivo da consciência. Está localizado na parte superior da cabeça. Afeta a função da medula oblonga. Sua ação é enfraquecida pelo consumo de cafeína, álcool e, sobretudo, pelo estresse.

A cor simbólica deste Chakra é violeta. É uma cor mística, uma cor espiritual, usada também pela igreja católica; representa sabedoria e paz.

8. Bandhas

São "travas" (contrações) psíquicas usadas para elevar o nível do Prana e inverter a direção do fluxo Prânico. Por exemplo, Mula Bandha inverte o fluxo para baixo de Apana e o envia para cima, enquanto Jalandhara e Uddiyana Bandhas invertem o fluxo de Prana para cima e o mandam para baixo. Essa inversão faz com que Apana e Prana se encontrem em Samana e provoca um despertar do Prana naquela área.

Usamos principalmente três: Mula, Uddiyana e Jalandhara.

-Mula Bandha:

É a ação de contrair a área do períneo e sugá-la para dentro. Algumas pessoas têm dificuldade para identificar os músculos do assoalho pélvico. Para as mulheres, aprender a desenvolver músculos vaginais fortes, pode aumentar o prazer sexual.

Mula Bandha (a contração da raiz, no yoga) é uma forma de usar os músculos do assoalho pélvico para unir a sua prática em quase todos os sentidos. Protegerá as suas costas de lesões ao fazer flexões para trás e tornará mais fáceis de entrar e manter as posturas invertidas e equilíbrios de braço. A prática correta de Mula Bandha torna o corpo leve, coeso e mais fácil de controlar. Se você acrescentar à prática de pranayàma e meditação, Mula Bandha também pode ser uma maneira de causar uma mudança em sua energia, mente e emoções. É a essência da prática, um dos pilares fundamentais para sua prática.

No entanto, essa "trava raiz" é uma fonte de confusão contínua e até mesmo de um debate poético. O próprio guru de Ashtanga Vinyasa, Pattabhi Jois, aconselhou seus alunos a "apertar o ânus", mas a maioria dos professores concorda que Mula Bandha está mais perto do períneo ou do colo do útero. Uma rápida pesquisa na internet mostrará que a maioria dos artigos não faz a distinção entre anatomia masculina e feminina. É comum simplesmente dar a versão masculina das coisas, de qualquer jeito. Mula Bandha também é confundida com outra prática separada de comprimir a uretra que é chamada de "Vajroli Mudra". Cada uma dessas técnicas, Mula Bandha,

Ashwini mudra, e Vajroli Mudra são distintas e tem razões específicas para aplicação. Mula Bandha é a mais importante de todas.

Primeiramente, Mula Bandha, em um nível puramente físico, é a ativação do baixo abdômen (músculo transverso do abdômen) e músculos do assoalho pélvico. Essa ação acrescenta pressão intra-abdominal e auxilia a extensão da coluna, reduzindo a curva das costas.

A localização específica do Mula (raiz) é diferente em homens e mulheres. Nos homens Mula Bandha começa no períneo, enquanto nas mulheres começa no colo do útero. A instrução para a realização do Mula Bandha, quando não é muito precisa, é 'levantar' o períneo ou colo do útero, no entanto, essa instrução, quando dada por si só, não atingirá resultados satisfatórios. Falando como homem, é um pouco difícil "levantar independentemente o períneo" e, pelo que minhas amigas dizem, é semelhante para as mulheres. Tentei durante anos, baseado em instruções inadequadas "levantar o períneo" para encontrar Mula Bandha, mas foi um caso de insucesso ou erro, e quase impossível de manter durante uma prática. O que é necessário, mas não muitas vezes explicado, é coordenar suavemente o movimento de puxar o umbigo para dentro ao mesmo tempo que aciona o assoalho pélvico. Mais especificamente, é a região entre o umbigo e o osso púbico e é a ação do músculo transverso do abdômen.

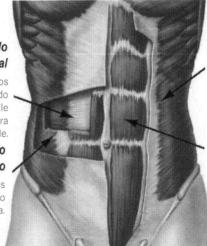

Músculo Transverso Abdominal

Localizado abaixo dos oblíquos. É o mais profundo dos músculos abdominais. Ele envolve a coluna vertebral para proteção e estabilidade.

Músculo Oblíquo Interno

Localizado abaixo dos oblíquos externos, percorrendo a direção oposta.

Músculo Oblíquo Externo

Localizado na lateral e na frente do abdômen.

Músculo Reto Abdominal

Localizado ao longo da frente do abdômen, este é o músculo abdominal mais conhecido. Muitas vezes, referido como "tanquinho".

O abdominal transverso é uma faixa profunda de músculo do 'core' que envolve a barriga e estabiliza a coluna como um espartilho, apertando sua cintura. Isso é o que você iria contrair se estivesse fechando o zíper de um par de calça jeans apertado. É o que você sente quando contrai a parte inferior do umbigo ao tossir.

O músculo abdominal transverso tem um papel importante na força do assoalho pélvico, formando uma conexão com ele. Os dois trabalham colaborativamente –se quiser sugar o assoalho pélvico mais para cima, use o abdominal transverso. Se quiser ativar mais o abdominal transverso, puxe o assoalho pélvico para cima. Esse raciocínio mostra claramente que precisamos de um abdominal transverso fortalecido se quisermos executar um bom Mula Bandha. Além disso, desenvolver o músculo abdominal transverso ajudará a achatar seu estômago e fazê-lo parecer ligeiramente mais alto e mais alinhado.

Quando se solicita para sugar o umbigo para trás, é comum que as pessoas arredondem as costas. Porém, isso não é o músculo abdominal transverso, esta é uma ação do músculo reto abdominal, que é um músculo mais superficial também conhecido como os músculos que formam a "barriga tanquinho". Esse grupo muscular puxa as costas para a flexão (costas arredondadas) e/ou a pelve em uma dobra (inclinação posterior). Em contraste, o abdominal transverso não move a pelve ou a caixa toráxica quando contraído, apenas puxa o abdômen para cima como um espartilho. Em resumo, se a pelve se move ou a sua coluna arredonda, você está requisitando o músculo reto abdominal, não o abdominal transverso.

O Triângulo do Assoalho Pélvico

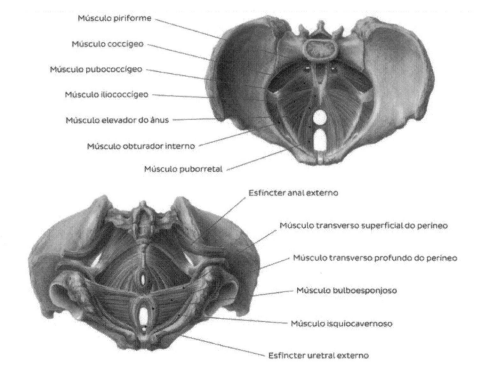

Músculo piriforme
Músculo coccígeo
Músculo pubococcígeo
Músculo iliococcígeo
Músculo elevador do ânus
Músculo obturador interno
Músculo puborretal

Esfíncter anal externo
Músculo transverso superficial do períneo
Músculo transverso profundo do períneo
Músculo bulboesponjoso
Músculo isquiocavernoso
Esfíncter uretral externo

Um Mula Bandha bem realizado faz toda a diferença na sua prática de yoga. Será mais fácil manter o equilíbrio em invertidas e posturas de equilíbrio com os braços e proteger suas costas nas flexões para trás.

Há muito mais a dizer sobre como o Mula Bandha aumenta o fluxo de energia e, com isso, cultiva a energia necessária para os Chakras se abrirem. Revelando-se progressivamente durante os estágios da prática.

-Uddiyana Bandha: explicação na próxima seção.

-Jalandhara Bandha: Também é chamado de "trava de queixo". Esse selo acontece quando você abaixa o queixo, mas não a cabeça. Uma forma extrema de fazê-lo é em Salamba Sarvangasana.

9. Visualização e Concentração

Ajudam a desenvolver a habilidade de perseverar e experimentar o plano interior que é muito sutil para que os sentidos externos o percebam. Visualização, concentração e imaginação criam uma imagem mental de uma parte ou órgão revestido de energia.

10. Meditação (Contemplação))

Explicação na próxima seção.

11. Neo-Tummo

Detalhado no Livro 4 (Primeiro Elixir da Vida). A técnica será descrita a seguir.

12. Yoga Nidra

Te ensina a relaxar. Você percebe que o seu corpo está tenso e que você sente rigidez em diferentes áreas, mas não sabe como relaxar profundamente. Talvez você até consiga relaxar os músculos, mas a tensão interna permanece. No Yoga Nidra, você aprende a relaxar em um nível muito profundo, não apenas o corpo físico, mas o corpo Prânico, as emoções, a mente e a psique. Nós normalmente direcionamos nossa consciência para os Chakras.

III

As Técnicas do
GPBALANCE

"Por favor, evitem ∎iscussões teóricas e filosóficas e concentrem suas perguntas nas questões relaciona∎as à sua prática atual. "

S N Goenka

Por favor, entenda que leva cerca de 30 horas para aprender as técnicas se você é professor de yoga. Se você é iniciante no yoga, talvez leve um pouco mais de tempo. A teoria nas Formações de Professores é de responsabilidade dos alunos que devem estudar, ler e pesquisar. Nesse sentido, os alunos devem fazer perguntas para esclarecer dúvidas ou aprofundar seus conhecimentos. Não é necessário perder tempo e dinheiro me ouvindo quando tudo está nos livros.

A metodologia que usamos é simples: uma vez que você aprende uma seção, você deve ensiná-la aos seus colegas, e vice-versa. Esta é uma ótima maneira de experimentar o que você aprendeu.

Primeira seção

(Posição sentada com a coluna ereta e, idealmente, com os olhos fechados)

"Uma sequência ⬩e técnicas e posturas é uma rotina, um ritual. Há um po⬩er enorme em rituais."

Nesta primeira seção, bem como na última, enfatizamos a importância de sentar-se corretamente com a coluna alongada e ereta. Para isso, escolha a altura correta da sua almofada porque os quadris estejam na mesma linha de seus joelhos ou um pouco mais alto para evitar desconforto no corpo. Recomendamos "Sukhasana" (a postura fácil) ou outra semelhante. Sentar-se com a coluna ereta, preferencialmente em cima de uma bola de tênis, traz tranquilidade física, seguida de paz mental. Nesta seção fazemos as seguintes técnicas:

1. Kaya Sthairyam
2. Sankalpa
3. Bija Mantras
4. Prana Vidya
5. Kapalabhati
6. Bhastrika 1
7. Bhastrika 2
8. Rotação da coluna vertebral

1. Kaya Sthairyam

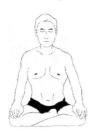

"Imobilidade corporal", envolve concentração na firmeza do corpo para induzir a firmeza da mente, levando à Quietude Pura.

Kaya Sthairyam é a primeira prática que fazemos quando entramos em "Pratyahara", a internalização dos sentidos, a quinta "Anga" do Ashtanga Yoga de Patanjali. É uma prática básica de concentração na estabilidade do corpo. "Kaya" significa corpo e "Sthairyam", estabilidade. Quando o corpo fica estável, a mente também fica. Por isso, sempre, ao praticar yoga, devemos dedicar pelo menos 5 a 10 minutos a essa prática. Não é possível meditar se ainda não aquietamos o corpo primeiramente. Se o corpo se move, a mente também se move!

2. Sankalpa

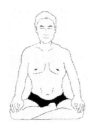

Como vimos anteriormente, essa é uma das ferramentas mais importantes do GPBALANCE. Observe em quietude a sua respiração natural por alguns segundos e faça o seu "Sankalpa" mentalmente três vezes e prossiga para a próxima técnica.

3. Bija Mantras

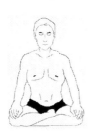

As religiões da Índia compartilham a opinião de que o universo teve sua origem no som, um som único - OM - a fonte de tudo o que existe. Muitas são as Upanishads que comparam OM com Brahman, o absoluto. OM é a semente mãe de todos os Mantras. O yoga do som e sua vibração é chamado de "Nada". Os "Bija Mantras" não têm em si um significado porque são a vibração de um Chakra. Por exemplo, "RAM" simboliza o fogo e a concentração do praticante que o recita, deve estar no "Manipur Chakra".

Existem vários tipos de Bija Mantras. Alguns deles são chamados de "Shakti Mantras" (Hrim, Aim, Klim, Hum, Shrim etc.). Eles ajudam a mover energias que curam. Em nossa prática de GPBALANCE, centramos nossa atenção nos elementos:

OM Topo da cabeça

OM Espaço entre as sobrancelhass

HAM Base da garganta na coluna vertebral

YAM Centro do Coração na coluna vertebral

RAM Altura do umbigo na coluna vertebral

VAM 3 ou 4 centímetros acima da base da coluna vertebral

LAM Base da coluna vertebral

LAM: Terra, area genital, primeiro Chakra, MULADHARA, cor vermelho.

VAM: Água, plexo coccígeo, segundo Chakra, SWADHISTANA, cor laranja.

RAM: Fogo, plexo solar, terceiro Chakra, MANIPURA, cor amarelo.

YAM: Ar, plexo cardíaco, quarto Chakra, ANAHATA, cor verde.

HAM: Éter, plexo faringeo, quinto Chakra, VISHUDHI, cor azul.

OM: Espaço entre as sobrancelhas, sexto Chakra, AJNA, cor índigo.

OM: topo da cabeça, sétimo Chakra, SAHASRARA, cor violeta.

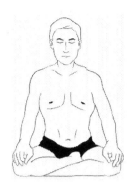

1. Expire suavemente todo o ar de seus pulmões. Então, inspire profundamente.

2. Repita 7 vezes os Bija Mantras com uma exalação, concentrando-se em cada Chakra enquanto visualiza sua cor e localização.

3. Continue mentalmente mais 7 vezes. Nenhum esforço é necessário: eles vão se repetir sozinhos.

4. Sem abrir os olhos continue com Prana Vidya.

Nota: Quando você praticar os Bija Mantras, preste atenção à vibração que eles produzem. Esta vibração, como vimos no Livro 4, produz uma quantidade maior de óxido nítrico (O.N.)

4. Prana Vidya (Chakras e Bija Mantras)
(Ciência/Conhecimento do Prana)

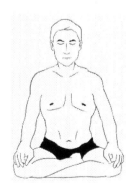

Prana Vidya é uma prática yogica avançada destilada das tradições clássicas e desenvolvida no sistema de Yoga Satyananda. Envolve uma exploração profunda do Prana e desenvolve a capacidade de canalizar esse princípio subjacente da existência. Não só a prática permite o acesso a níveis sutis de consciência, mas é um método eficaz de cura. Prana Vidya é a técnica usada na "Cura Prânica". A prática guia sistematicamente o praticante ao domínio na direção da força vital, o Prana.

Rishis indianos, taoístas chineses e monges tibetanos têm praticado várias formas de Cura energética por milhares de anos. Foi amplamente praticada nas primeiras civilizações da China, Egito e Índia, e em muitas outras partes do mundo.

O objetivo de todas as práticas espirituais e yogicas é liberar o grande poder cósmico ou "Kundalini Shakti" que permanece três vezes e meia enrolada no Muladhara Chakra. O processo de despertar essa força, ou PRANA, é descrito nas escrituras como "O voo de um pássaro subindo da terra para o céu, amarrado a um fio dourado". A terra é Muladhara Chakra e o céu é Ajna Chakra, o pássaro é Mahaprana e o fio dourado é Sushumna Nadi que percorre o centro da coluna vertebral. Manipulando, armazenando e expandindo a Prana dentro do corpo é possível despertar a Shakti adormecida. Este é um propósito fundamental das ciências yogicas do Pranayama (expandindo as dimensões do Prana) e Prana Vidya (conhecimento ou ciência do Prana).

Prana Vidya é o ápice de muitos anos de prática de yoga. Tecnicamente soa simples e é, para aqueles que despertaram Prana Shakti e evoluíram sua consciência. No entanto, para a maioria de nós é difícil de alcançar, sutil e evasivo.

A combinação de Ujjayii Pranayama com Khechari Mudra é usada para facilitar o despertar e a distribuição de Prana.

No GPBALANCE, a prática de Prana Vidya, a quarta técnica, é uma abordagem mais simplista do que essa complexa e importante ferramenta do yoga, mesmo assim, lhe dará a oportunidade de experimentar e despertar seu interesse em saber mais. O objetivo da técnica é despertar os Chakras, os centros de energia adormecidos.

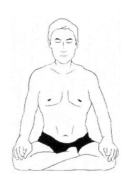

1. É importante sentar-se em uma postura firme, permanecendo imóvel para visualizar o movimento do Prana. Qualquer movimento físico quebrará a concentração e a visão interna será perdida. Comece com "Kaya Sthairyam" ou imobilidade corporal."

2. Visualize os Chakras brilhando como diamantes reluzentes.

3. Concentre sua mente em Muladhara Chakra e, mentalmente, diga LAM e comece a inalar.

4. Ainda na mesma inalação, usando Ujjayii e Khechari Mudra, traga sua atenção para Swadhistana Chakra na coluna e diga mentalmente VAM; continue a Manipura em suas costas e mentalmente dizer RAM; continuar com o mesmo inalar para o Anahata e diga YAM; em seguida, para Vishuddhi e diga HAM e, finalmente, para Sahasrara e Ajna e, mentalmente, diga OM.

5. Exalando, vá para Visshudi, HAM, mas desta vez desça sua consciência pela frente do corpo, depois Anahata, YAM, e continue para Manipura, RAM e para Swadhistana, VAM, e termine sua expiração em Muladhara, LAM. Este foi um fôlego, um ciclo finalizado.

6. O próximo ciclo começa na inalação em Swadhistana, VAM e termina em Ajna, OM e a exalação começa em Vishudhi, HAM e termina em Muladhara, LAM.

7. Faça um total de 7 respirações movendo e girando a consciência levando Prana através dos Chakras.

8. Quando terminar, observe a quietude de sua mente.

5. Kapalabhati

Kapalabhati, assim como a Bastrika são considerados "limpadores de pulmão".

Kapalabhati, assim como a Bastrika são considerados "limpadores de pulmão".

Essa técnica teve sua origem no desejo de aumentar o nível de energia na área abdominal. A ênfase é nas exalações. Algumas escolas diferem na velocidade e no número de exalações. Pessoalmente, acho que quanto mais, melhor, mas mantendo um ritmo e sem perder força. Kapalabathi é um dos "Shat Karmas" (seis práticas ou ritos). Rejuvenesce o fígado, baço, pâncreas e tonifica os músculos abdominais melhorando a digestão. Ajuda o sistema imunológico e limpa as passagens nasais. Além disso, desenvolve consideravelmente seus pulmões e tonifica o diafragma; elimina o dióxido de carbono e as impurezas do sangue. Estimula a respiração celular produzindo calor no corpo. Ativa o movimento peristáltico ajudando pessoas que sofrem de prisão de ventre. Tem efeitos profundos no sistema nervoso, particularmente no neurovegetivo; ajuda pessoas com sinusite. Depois de apenas alguns minutos você se sente muito acordado e energético.

Quando o ar é expulso com força pelo nariz, o som é como quando você assoa fortemente o nariz. "Kapala" significa crânio e "Bhati", brilho. Crânio brilhante. B.K.S. Iyengar diz que "a inalação é suave e a expiração forte. Pratique Kapalabhati se a Bhastrika for muito difícil".

Kapalabhati não é recomendado para o final da noite. Vai mantê-lo acordado e desperto.

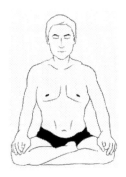

1. Sente-se em uma postura confortável de pernas cruzadas com a coluna ereta. Se isso for difícil, sente-se em uma cadeira.

2. Observe sua respiração natural até que fique suave.

3. Mantenha Mula e Jalandhara Bandha, bem como Khechari Mudra.

4. Inspire e exale com força todo o ar de seus pulmões sem dobrar o corpo. Com o exalar, o umbigo vai se achatar em direção à coluna. Relaxe o abdômen e a inalação acontecerá naturalmente, por si só. Não se preocupe com a inalação.

5. Continue exalando com força pelo nariz, primeiro lentamente e gradualmente faça mais rápido, mas não muito rápido, até encontrar seu ritmo. Uma vez que você o encontre, você pode fazer quantas exalações quiser. Pare quando se cansar. É possível que seus músculos na parte inferior das costas se cansem primeiro.

6. Idealmente faça ao menos 108 exalações. Aumente esse número gradativamente e lentamente.

7. Após a última exalação, segure a respiração com os pulmões vazios, se possível, sem estresse, idealmente por 1 minuto, então, inspire e segure a respiração com os pulmões cheios de ar por 15-20 segundos. A explicação e o propósito desta ação serão explicados quando praticarmos o Neo-Tummo, uma variação do Tummo Pranayama tibetano. Enquanto seguramos a respiração com pulmões vazios, fazemos o que é chamado de "micro-órbita", uma espécie de Prana Vidya. Isso também será explicado mais para frente.

Nota: Quando você exalar o ar de seus pulmões para iniciar a retenção de sua respiração, por favor, engula saliva para imobilizar seu diafragma.

8. No início você pode fazer duas ou três séries de 30 ou 40 exalações. Quando se acostumar, apenas uma série com muitas exalações é o suficiente.

9. Mantenha sua atenção em Manipura e Ajna Chakra.

10. Quando terminar, fique alguns minutos observando silenciosamente sua mente.

Tanto em Kapalabhati quanto em Bhastrika, comece lentamente se você tiver pressão baixa ou alta. Não é aconselhável praticar à noite. Vai mantê-lo acordado. Não pratique se você tem problemas pulmonares como enfisema (acúmulo patológico de ar nos tecidos e órgãos do corpo que torna a respiração dificultosa e pode produzir tosse crônica). Não pratique se você estiver grávida ou menstruada. Além disso, não é recomendável se você tiver problemas cardiovasculares ou problemas nas retinas.

6. Bhastrik 1

A respiração a seguir ou respiração do fogo pode ser feita através apenas de uma narina, usando os dedos para bloquear a outra narina. É o caso de Eka Surya Bedhana e Eka Chandra Bedhana que veremos na segunda seção. Mas, nesta seção, vamos inalar e exalar através das duas narinas. A inalação e o exalação são feitas vigorosamente. Este é um Kriya cranial. O diafragma se move rapidamente, e a respiração é sentida na parte superior do peito, por isso levantamos os braços.

Não é recomendada para o final da noite. Vai mantê-lo acordado à noite.

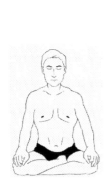

1. Levante os braços e una o dedo indicador ao polegar de cada mão. Cotovelos estendidos, omoplatas para baixo.

2. Língua em Khechari Mudra.

3. Mula e Jalandhara Bandha.

4. O som é o som de um fole que abre e fecha um pouco, mas rapidamente. Isso se chama "Respiração do fogo" no kundalini yoga.

5. Depois de fazer no mínimo 20 respirações (idealmente 54) junte os polegares e puxe cada um para um lado enquanto alonga o corpo e os braços em direção ao teto, mantendo as nádegas aterradas e as omoplatas encaixadas. Segure a respiração e execute Shambabhi Mudra.

6. Ao exalar, traga as mãos em Namaskar, e repita o número 5. Desta vez, mude o bloqueio dos polegares ao segurar a respiração.

7. Bhastrik 2

Esse tipo de respiração é conhecida como "Bhastrika" baixa, na maioria das tradições de yoga. Quando inalamos, o abdômen se expande e relaxamos o assoalho pélvico e, quando expiramos, o abdômen e o assoalho pélvico se contraem. Esse tipo de respiração tem excelentes resultados se feito ritmicamente. Em outras técnicas de "O Método", o assoalho pélvico é mantido contraído.

Não é recomendado para o final da noite. Vai mantê-lo acordado e desperto.

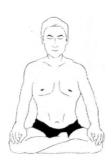

1. Sente-se com as costas eretas e as pernas confortavelmente cruzadas. Mãos nas pernas e polegares e dedo indicador unidos. Sente-se sempre em cima de uma almofada ou um cobertor bem dobrado.

2. Antes de começar a respirar, basta observar sua respiração natural por alguns momentos.

3. Quando você inalar, seu abdômen vai se expandir; quando você exalar, vai contrair. Na inalação relaxe o assoalho pélvico; na exalação, contraia. Faça isso lentamente no início até obter o ritmo adequado. Dessa forma será mais fácil, e você será capaz de fazer Bhastrika 2 quantas vezes quiser. Quanto mais, melhor, mas recomendo um mínimo de 108 vezes. O som será o som de um fole abanando chamas.

4. Após a última exalação, segure a respiração com os pulmões vazios, se possível, sem estresse, idealmente por 1 minuto, então, inspire e segure o ar com os pulmões cheios por 20 segundos. A explicação e o propósito desta ação serão explicados quando praticarmos o Neo-Tummo, uma variação do Tummo Pranayama tibetano. Enquanto seguramos a respiração com pulmões vazios, fazemos o que é chamado de "micro-órbita", uma espécie de Prana Vidya. Isso também será explicado mais tarde.

Nota: No início da retenção sem ar nos pulmões, por favor, engula um pouco de saliva.

5. Visualize Muladhara, Swadhistana, Manipura e Ajna Chakra.

6. A língua em Khechari Mudra e o queixo em Jalandhara Bandha.

7. Quando terminar, observe silenciosamente sua mente por alguns segundos.

Bhastrikas 1 e 2 devem ser feitas de estômago vazio. A melhor hora é antes do café da manhã ou antes do jantar. Três minutos por dia de ambas as técnicas manterão seu sistema glandular funcionando bem, especialmente a pituitária e as glândulas pineais, responsáveis por muitas funções hormonais.

Seu organismo se tornará mais equilibrado, e você terá muita energia.

8. Rotação da Coluna Vertebral

Gera calor que purifica os canais sutis do corpo ao longo da coluna. Ao mesmo tempo, torna-a flexível e lubrifica-a. Todos os músculos, tendões e ligamentos que mantêm a coluna no lugar, são fortalecidos.

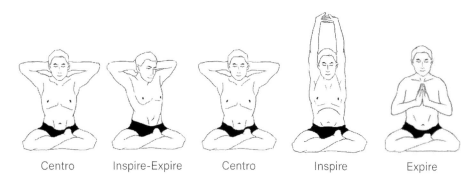

| Centro | Inspire-Expire | Centro | Inspire | Expire |

1. Sente-se com a coluna ereta.

2. Entrelace os dedos das mãos e coloque as mãos atrás da nuca.

3. Comece a girar sua coluna, primeiro lentamente e depois mais rápido. Não pare abruptamente. A cabeça segue a coluna. Inspire para um lado e expire para o outro. Use a respiração de Ujjayii e Khechari Mudra enquanto mantém Mula Bandha.

4. Rotacione sua coluna 54 vezes.

5. Concentre-se em todos os Chakras ao mesmo tempo.

6. Quando terminar, inspire fundo, estique os braços para cima, com os dedos entrelaçados, segure a respiração por alguns segundos, e depois una as palmas das mãos na frente do peito.

7. Faça Shambabhi Mudra por alguns segundos.

8. Repita as etapas 3, 4, 5, 6 e 7 mais uma vez, mas desta vez mude o entrelaçamento dos dedos quando esticar as mãos em direção ao teto.

Você terminou a Primeira Seção. Parabéns! Por favor, permaneça imóvel, em silêncio por alguns minutos apreciando as sensações maravilhosas decorrentes das técnicas dessa seção.

Segunda seção
(Posição deitada de costas, preferencialmente com os olhos fechados)

Esta seção é realizada com as costas no chão. Trabalhamos com algumas das mesmas técnicas de respiração que vimos na primeira seção enquanto fazemos posturas simples acompanhadas de visualizações para mobilizar a energia ao redor da região pélvica. Algumas das técnicas mais importantes nesta seção incluem inclinar a pelve. A pelve é um anel osteoarticular fechado formado por ossos e três articulações. Ela contorna a base do tronco, sustenta o abdômen e é a união com os membros inferiores.

Nesta seção fazemos as seguintes técnicas:

9. Inclinação Pélvica Anterior e Posterior

10. Torção Pélvica Lateral

11. Técnica da Dinah

12. Ponte em colapso

13. Prana-Apanasana

14. Borboleta e Uddiyana Bandha

15. Torção com as pernas dobradas

16. Ardha Navasana

17. Círculos com as pernas

18. Elevação das pernas dobradas até o abdômen

19. Despertar do Swadisthana

20. Torção da coluna lombar

21. Torção da coluna vertebral

22. Supta Gomukhasana

23. Ardha Gomukhasana

9. Inclinação Pélvica Anterior e Posterior

Inclinar a pélvis é provavelmente um dos movimentos mais antigos que animais e humanos fazem para procriar. A inclinação da pelve é feita em sincronização com a respiração enquanto se concentra na base da coluna vertebral (Muladhara Chakra), na área do cóccix (Swadisthana Chakra) e no terceiro olho (Ajna Chakra). Libera cintura e quadris que se tornaram rígidos com o passar dos anos e tornaram-se carregados de emoções negativas, particularmente aquelas relacionadas ao sexo por causa da repressão imposta pela sociedade. Na anatomia, a inclinação da pelve é chamada de inclinação anterior/posterior. A posição normal deve ser neutra.

A inclinação exagerada anterior e posterior da pelve é uma perturbação biomecânica do equilíbrio da pelve. Na inclinação anterior, os ossos ilíacos vão para frente e para baixo, e o sacro sobe e vai para trás. Isso gera uma lordose lombar que poderia produzir dor, tensão muscular ou enfraquecer a coluna vertebral que se torna mais propensa a sofrer hérnias ou espondilólise-espondilolistese. Os distúrbios são mais comuns do que pensamos, e são observados principalmente em mulheres sedentárias jovens com má postura e em indivíduos de ambos os sexos com sobrepeso e obesidade. O peso do abdômen traz a pelve para frente e para baixo. Os músculos que trazem a pelve à inclinação anterior são principalmente iliopsoas, eretor da coluna e o reto femoral.

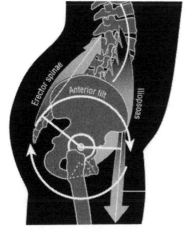

Inclinação anterior

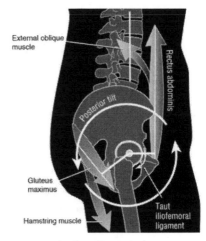

Inclinação posterior

Na inclinação posterior, os ossos ilíacos giram para trás e para cima enquanto o sacro gira para baixo. A coluna fica plana. Essa perturbação é menos comum do que a inclinação anterior e é observada principalmente em pessoas mais velhas ou em pessoas que sofrem de doenças degenerativas, como a espondilite anquilosante. Os músculos que trazem a pelve para uma inclinação posterior são o reto abdominal, isquiotibiais e glúteos máximos.

Com essa técnica fortalecemos os músculos e promovemos flexibilidade a todos os músculos e ligamentos da nossa seção do meio enquanto despertamos essa área importante do nosso corpo. Há muita energia lá que precisa ser extraída.

1. Deite-se de costas, braços na lateral do corpo, palmas das mãos para baixo e omoplatas unidas. Queixo para baixo e pés separados da largura do tapete. Khechari Mudra.

2. Você sentirá um espaço na região lombar.

3. À medida que você expira usando Bhastrika 2, aperte a lombar contra o chão. Fazendo isso, o cóccix vai levantar-se naturalmente. Contraia o assoalho pélvico.

4. À medida que você inala, relaxe o assoalho pélvico e novamente um espaço sob a região lombar será criado.

5. Sincronize o movimento com a respiração criando um ritmo.

6. Faça quantas vezes quiser. No mínimo, 30 vezes.

7. Concentre-se nos Chakras inferiores e em Ajna quando terminar.

8. Relaxe e respire normalmente antes de entrar na próxima técnica.

10. Torção Pélvica Lateral

Nesta técnica apenas as pernas se movem dando flexibilidade à cintura e quadris. É muito relaxante. É importante manter o ritmo e sincronizar bem o movimento com a respiração. É um movimento suave que acalma a mente. A concentração e visualização devem estar nas glândulas suprarrenais.

1. Deite-se de costas, braços esticados para trás ao lado da cabeça e omoplatas unidas. Queixo para baixo, pés separados da largura do tapete. Khechari Mudra.

2. Mantenha seu corpo naturalmente tocando o chão.

3. Quando expirar, leve as duas pernas para um lado, e quando inalar, para o outro. Não levante os ombros do chão. Do umbigo para cima, nada se move. Mantenha os pés no chão, sempre separados da largura do tapete.

4. A respiração é Ujjayi.

5. Não aplique Bandha. Relaxe e aproveite.

6. A atenção está nos Chakras inferiores e nas glândulas suprarrenais.

7. Faça quantas torções pélvicas quiser.

11. Técnica da Dinah

Esta técnica é uma homenagem à Dinah Rodrigues por sua grande contribuição ao Yoga Hormonal. A técnica de Dinah foi um pouco modificada.

Pressionar a sola de um pé no joelho oposto, promove alongamento de um lado do corpo, permitindo, assim, melhor concentração e visualização. Nessa técnica usamos Eka Surya e Eka Chandra Bedhana, para equilibrar as energias, o próprio propósito do GPBALANCE.

-Surya Bedhana: em sua forma mais simples, Surya Bedhana Pranayama é feito na posição sentada com a coluna ereta inalando totalmente através da narina direita, segurando a respiração, e depois exalando através da narina esquerda. Para realizar este pranayama, o yogi coloca o dedo indicador e o dedo médio da mão direita entre as sobrancelhas, em seguida, usa o dedo anelar para fechar a narina esquerda para a inalação. O polegar é usado para fechar a narina direita enquanto a respiração é mantida até que esteja confortável. O dedo anelar é então levantado para permitir a expiração completa através da narina esquerda. Surya Bhedana Pranayama ativa o corpo e as funções corporais; aumenta o fogo digestivo e combate doenças causadas pela insuficiência de oxigênio no sangue.

No GPBALANCE fazemos este Pranayama deitado na postura da Dinah usando a mão livre (a direita) para fechar a narina esquerda enquanto fazemos todas as inalações e expirações através da narina direita usando Bhastrika 1. (Isso é chamado de **Eka Surya Bedhana Pranayama**). Fazemos um mínimo de 30 respirações, mas quanto mais, melhor.

-Chandra Bedhana: em sua forma mais simples, Chandra Bedhana é feito na posição sentada com a coluna ereta inalando totalmente através da narina esquerda, segurando a respiração, e, em seguida, exalando através da narina direita. Para realizar este Pranayama, o yogi coloca o dedo indicador e o dedo médio da mão direita entre as sobrancelhas, em seguida, usa o polegar para fechar a narina direita para a inalação. O dedo anelar é usado para fechar a narina esquerda enquanto a respiração é mantida até que esteja confortável. O polegar é então levantado para permitir a expiração total através da narina direita. Chandra Bedhana Pranayama acalma o corpo e as funções corporais; é recomendado para pessoas que têm dificuldades para dormir ou precisam baixar a energia solar no corpo. Diminui o calor na mente e no corpo.

No método GPBALANCE fazemos este Pranayama deitado na postura da Dinah usando a mão livre (a esquerda) para fechar a narina direita enquanto fazemos todas as inalações e expirações através da narina esquerda usando Bhastrika 1. (Isso é chamado de **Eka Chandra Bedhana Pranayama**). Fazemos no mínimo 30 respirações, mas quanto mais melhor.

1   2

1. Quando você terminar a torção pélvica traga ambos os braços atrás da cabeça inalando.

2. Pés separados na largura do tapete. Khechari Mudra.

3. Com a mão esquerda pegue o tornozelo da perna direita e traga o pé debaixo da perna esquerda e alinhe o joelho direito com o quadril direito.

4. Agora coloque a sola do seu pé esquerdo em cima do joelho direito. Aproxime suas escápulas.

5. Com a mão direita tampe completamente a narina esquerda e parcialmente a direita. Agora comece a fazer Eka Surya Bedhana Pranayama com Bhastrika 1.

6. No mínimo 30 respirações. Quanto mais, melhor.

7. Os homens se concentram no testículo e nas suprarrenais direitas, mulheres no ovário direito e nas suprarrenais direitas.

8. Quando terminar e inalar, traga novamente os braços atrás e acima da cabeça. Ao exalar, pegue o tornozelo esquerdo com a mão direita e repita a mesma ação, mas desta vez usando a mão esquerda no nariz e faça Eka Chandra Bedhana Pranayama com Bastrika 1.

12. Ponte em Colapso

Esta técnica é chamada de "Ardha Setubandhasana", isto é, a postura da meia ponte porque as pernas estão dobradas. Os pés estão separados na largura do tapete. É uma excelente postura para tonificar as pernas, glúteos e lombar. Ela também funciona como uma contra-postura ou compensação quando você realizar flexões para a frente. A cada expiração a ponte desaba e o sacro toca suavemente o solo ativando Swadisthana Chakra.

| 1. Inspire | 2. Expire. Toque o chão | 3. Inspire |

1. Depois de terminar a técnica anterior, dobre os joelhos, separe os pés na largura do tapete e una as escápulas. Faça Khechari Mudra.

2. Levante os quadris o mais alto que puder pressionando os pés no chão enquanto inala. Contraia o assoalho pélvico.

3. Com certa leveza e cuidado, solte o sacro em direção ao chão enquanto você expira. Vai fazer um som, como quando você estivesse batendo palmas.

4. Use a respiração Ujjayi e concentre-se em Swadhistana Chakra.

5. Faça isso pelo menos 30 vezes. Quando terminar, fique em Ardha Setubandhasana enquanto faz 10 vezes Bastrika 2 usando Mulabandha (você pode fazer quantas vezes quiser). Se Bastrika 2 é difícil para você, faça Kapalabhati. Visualize e concentre-se no Manipura Chakra.

6. Relaxe por um momento com as costas apoiadas no chão.

13. Prana-Apanasana

PRANA é a força que se move para dentro, criando um campo que se move para cima, indo do umbigo em direção à garganta. É também a expressão de nossa consciência, da mesma forma que a luz do sol é a expressão do sol porque entra em todos os lugares, mesmo que não seja diretamente. O Prana alcança cada parte de nossos corpos para onde direcionamos nossa consciência.

APANA é a força que se move para fora, criando um campo que se move para baixo, indo do umbigo em direção ao ânus. Ambos, Prana e Apana se movem espontaneamente no corpo, mas podem ser controlados através de práticas yoguicas.

Essa é uma técnica de Prana Shakti que eu incluí no GPBALANCE. Aprendi com K. Desikachar há muito tempo e continuo apreciando.

Inspire

Expire

1. Deite-se de costas e dobre os joelhos. Certifique-se de que suas pernas estão relaxadas e que sua língua está em Khechari Mudra. Mantenha o queixo para baixo e a área urogenital relaxada, de olhos fechados.
2. Coloque levemente as mãos sobre os joelhos e estique os braços. Os braços apenas medem a distância até onde seus joelhos devem estar. Inspire.
3. Quando exalar, os braços irão se flexionar.
4. Use a respiração de Ujjayi.
5. Respire bem devagar e profundamente enquanto se concentra nos Chakras, de baixo para cima e de cima para baixo.
6. Repita esta ação quantas vezes quiser, preferencialmente por mais de 3 minutos. Quando terminar coloque os pés no chão e relaxe com as palmas das mãos viradas para cima. Observe o terceiro olho.

14. Borboleta - Uddiyana Bandha

Normalmente fazemos Uddiyana Bandha em pé ou sentado. Aqui, fazemos na posição deitada de costas. Temos o apoio do chão, que ajuda. Não importa como você faz isso, o importante é fazê-lo quantas vezes quiser e com a maior frequência possível. Os benefícios de Uddiyana Bandha são muitos. Na quinta seção menciono alguns.

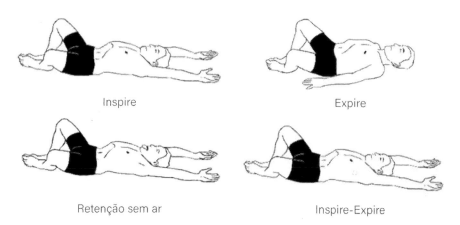

Inspire   Expire

Retenção sem ar   Inspire-Expire

1. Vamos continuar: Agora, una a sola dos pés, solte as pernas para os lados e eleve os braços esticados para cima e atrás da cabeça e comece a mover suas pernas para cima e para baixo ritmicamente, como as asas de uma borboleta enquanto você faz Bhastrika 1. (Khechari Mudra). Concentre-se nos Chakras inferiores.
2. Depois de um minuto ou mais, relaxe e respire normalmente.
3. Inspire agora profundamente (Ujjayi e Khechari Mudra).
4. Quando expirar, (Ujjayi) traga seus braços para o lado do corpo e certifique-se de que não há ar sobrando em seus pulmões.
5. Puxe a língua para fora, relaxe o abdômen e estique novamente os braços atrás da cabeça. Naturalmente, um grande vácuo será produzido na sua área do abdômen: Uddiyana Bandha. Concentre-se em Manipura Chakra e Ajna. Segure a respiração por alguns segundos e antes de inspirar novamente pelo nariz, coloque a língua para dentro e levante o esterno para abrir ainda mais o peito. Respire normalmente algumas vezes.
6. Repita esta sequência mais duas vezes e relaxe antes de entrar na próxima técnica: Torção com as pernas dobradas.

15. Torção com as Pernas Dobradas
(coluna lombar e abdômen)

Esta técnica proporciona uma ótima massagem para a coluna lombar e cintura. Também ativa os Chakras inferiores, as glândulas suprarrenais e sexuais. É uma técnica relaxante, portanto, recomenda-se praticá-la de olhos fechados.

Com essa técnica iniciamos uma sequência de posturas (15 a 19) que pretendem fortalecer seus músculos abdominais, bem como a parte inferior das costas rejuvenescendo os órgãos abdominais internos e glândulas dessa região.

1. Leve os joelhos até o peito e relaxe as pernas. Joelhos e pés unidos.

2. Entrelace os dedos e coloque as palmas das mãos atrás da cabeça. Mantenha os cotovelos e as escápulas no chão durante a execução desta técnica.

3. Ao exalar, leve as duas pernas na direção de um cotovelo e, quando inalar, leve-as em direção ao cotovelo oposto. Tente fazer um movimento contínuo com as pernas.

4. A respiração acontece conforme o esforço exige. Relaxe o assoalho pélvico. Se quiser, pode usar a respiração Ujjayi. De qualquer forma, sempre com Khechari Mudra. Os olhos fechados, se possível.

5. Depois de alguns minutos, descanse os pés no chão e relaxe.

16. Ardha Navasana
(coluna lombar e abdômen)

No yoga não há muitas posturas para fortalecer essa área. Escolhi as mais eficazes e benéficas para os órgãos internos também. Essa técnica também fortalece o pescoço. É importante que toda a parte de trás seja mantida ancorada no chão o tempo todo, para evitar dor na coluna lombar.

(cabeça levemente elevada, Bhastrika 1)

1. Estique e suba as pernas até um ângulo de 90 graus enquanto pressiona a região lombar no chão (durante a toda a técnica).

2. Abaixe um pouco as pernas sem perder o contato da região lombar e levante ao mesmo tempo sua cabeça apenas 1 centímetro do chão. Khechari Mudra e Mula Bandha.

3. Comece a fazer Bhastrika 1 preferencialmente por pelo menos 1 minuto enquanto se concentra nos Chakras inferiores e em Visshudhi Chakra.

4. Uma vez é suficiente, mas você é livre para fazer quantas repetições quiser. Depois de terminar, mova o pescoço de um lado para o outro.

5. Você pode descansar os pés no chão ou continuar com a sequência abdominal-inferior das costas.

17. Círculos com as Pernas

Esta técnica atua nos músculos transversais e oblíquos do abdômen, e, claro, nos órgãos abdominais e nas suprarrenais. Fortalece o abdômen e dá estabilidade à região lombar. Do umbigo para cima, nada se move.

(7 círculos para um lado e 7 círculos para o lado oposto))

1. Eleve suas pernas até um ângulo de 90 graus e pressione a região lombar no chão. Mantenha-se assim o tempo todo.

2. Khechari Mudra e Mula Bandha. Mantenha seu tronco superior no chão.

3. Faça 7 pequenos círculos, primeiro para um lado, depois para o outro. Respiração livre.

4. Concentre-se nos Chakras inferiores.

18. Elevação das Pernas dobradas até o abdômen

Este é um ótimo exercício para fortalecer os músculos abdominais e ativar toda a região pélvica. Nada se move do umbigo para cima. Mantenha as escápulas bem aterradas.

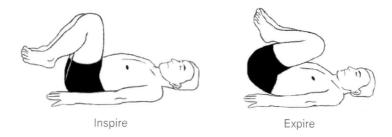

Inspire   Expire

1. Coloque os braços na lateral do corpo, palmas das mãos para baixo. As pernas permanecem naturalmente dobradas; os pés não tocam o chão.

2. Pressione os braços os ombros e as palmas das mãos no chão e levante os quadris levando os joelhos até o peito enquanto você expira. Segure a respiração por alguns segundos. Inspire e volte para a primeira posição.

3. Repita este exercício pelo menos 7 vezes.

4. Ujjayi breathing, Khechari Mudra e Mula Bandha.

5. Concentre-se nos Chakras inferiores.

19. Despertar do Swadisthana

Esta é a última técnica da série abdômen-coluna lombar. É poderosa. Por essa razão, é melhor começar com 3 repetições até acostumar-se a fazer sete ou dez vezes. Tente segurar por alguns segundos o peso do seu corpo no ar.

Além de fortalecer os músculos abdominais e os órgãos abdominais internos é uma ótima técnica para despertar o segundo Chakra e, assim, recuperar nossa conexão com nossa sensualidade.

| Inspire | Expire-Eleve | Inspire |

1. Deite-se de costas no chão com as pernas elevadas em um ângulo de 90 graus. Braços repousam nas laterais do corpo. Khechari Mudra. Inspire.

2. Durante a exalação, levante a coluna lombar do chão, segure seu corpo no ar e solete-o no chão. Ao elevar o corpo, contraia o assoalho pélvico (Mula Bandha). Ao soltar o corpo no chão, relaxe e solte Mula Bandha.

3. Repita esta ação pelo menos 7 vezes.

4. Concentre-se nas Suprarrenais, Manipura e Ajna Chakra.

Por favor, note que não é necessário fazer toda a série de exercícios para abdômen e coluna lombar. Se você conseguir, ótimo, se não, escolha o que é mais eficaz para você e desenvolva lentamente a região pélvica até que você possa fazer todos eles um após o outro sem pausas entre cada um.

20. Torção da coluna lombar

Depois das técnicas para abdômen e coluna lombar é importante relaxar completamente esta região. Nada melhor do que fazer suaves torções enquanto se concentra nos Chakras inferiores, na cintura e nas glândulas suprarrenais. É uma técnica muito relaxante.

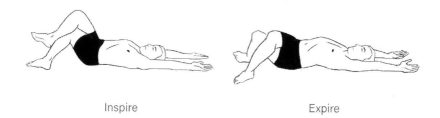

Inspire   Expire

1. Estique e eleve os braços para atrás e ao lado da cabeça, passe sua perna direita por cima da esquerda. A língua está em Khechari Mudra. Tudo o resto, relaxado.

2. Inspire. Ao exalar, leve o joelho direito para o lado esquerdo. Ele não tem que tocar o chão, porque se você fizer isso, a omoplata direita pode levantar-se do chão. Nada acima do umbigo deve se mover.

3. Inspire e, ao exalar, leve o joelho direito para o lado direito sem levantar a omoplata esquerda.

4. Continue por um tempo exalando de um lado e inalando do outro. Depois, troque a posição das pernas e repita.

5. Concentre-se na cintura, rins e Chakras inferiores.

21. Torção d Coluna Vertebral

Agora, vamos aprofundar a torção para engajar toda a parte de trás e, o mais importante, expor as glândulas suprarrenais. Devemos visualizar e levar a respiração até elas e respirar através delas. (Bhastrika 1). Um lado de cada vez. Torcer o corpo é uma excelente maneira de drenar o sangue dos órgãos para que sangue fresco possa correr até eles depois que a torção terminar..

1. Posicione sua perna direita em cima da esquerda e mova o quadril um pouco para o lado direito do tapete. Isso permitirá que você alinhe a parte superior da cabeça com o cóccix.

2. Coloque a mão esquerda em cima do joelho direito e pressione-o para baixo. Coloque a palma da mão direita embaixo da cabeça.

3. Khechari Mudra e Mula Bandha.

4. Visualize seu rim direito e leve sua respiração até ele usando Bhastrika 1. Pelo menos por 30 segundos.

5. Agora mude a posição das pernas e repita para o outro lado.

22. Supta Gomukhasana

A prática desta postura tornará seu quadril mais flexível e permitirá que você se concentre melhor em seus ovários e suprarrenais. Os homens devem se concentrar nos testículos e suprarrenais. Homens e mulheres devem também se concentrar no timo.

1

2

3

4

1. Ao terminar a torção da postura anterior, estique e eleve as pernas até um ângulo de 90 graus e coloque seus braços estendidos para atrás e ao lado da cabeça. Inspire. Khechari Mudra.

2. Cruze suas pernas expirando. Perna direita em cima, segure seus tornozelos e aproxime suas escápulas para expandir o coração.

3. Aplique Mula Bandha e comece a respirar, Bhastrika 2.

4. Quando terminar, traga novamente seus braços atrás da cabeça e as pernas em um ângulo de 90 graus. Agora coloque a perna esquerda em cima e repita a sequência deste lado.

23. Ardha Gomukhasana

Para sentar-se, como transição de Supta Gomukhasana, temos que rolar para frente e para trás pelo menos 7 vezes. Uma excelente massagem na coluna. Essa postura torna o quadril flexível e o corpo mais leve.

1   2   3

4   5

1. Segurando os tornozelos e com as costas no chão (técnica anterior), comece a rolar seu corpo para frente e para trás pelo menos 7 vezes mantendo seus calcanhares em contato com seus quadris. Isso vai forçá-lo a usar seus músculos abdominais para se sentar.

2. À medida que rolar para a frente, exale; quando rolar para trás, inspire. Khechari Mudra e Mula Bandha.

3. Quando conseguir sentar-se, estique os braços em Urdhva Hastasana, pressionando os ísquios no chão para criar uma tração em sua coluna.

4. Agora flexione levemente o tronco para a frente mantendo as costas retas e os braços alinhados e paralelos à cabeça. Faça Bastrika 1 pelo menos 7 vezes concentrando-se nas glândulas suprarrenais e na glândula pineal.

5. Entrelace os dedos, endireite as costas e vire as palmas das mãos para o teto proporcionando um alongamento extra na coluna. Segure a respiração.

6. Durante a expiração, junte e aproxime suas palmas na frente do peito.

Terceira Secão

(Posturas em pé. Olhos fechados quando for possível)

Algumas técnicas da terceira seção, ou a seção três como um todo, podem ser consideradas opcionais, pois algumas pessoas encontram dificuldade em realizá-las. Você pode incluí-las ou não em sua prática diária. Esta seção não se destina a estimular muito as glândulas endócrinas, mas ajuda a manter a boa forma, a agilidade, a flexibilidade e a força. Há uma ênfase maior nas posturas de equilíbrio e na mobilização de Prana. À medida que envelhecemos, perdemos equilíbrio, mobilidade e massa muscular se não prestarmos atenção ao corpo. As consequências de não trabalhar essas questões podem ser devastadoras. Esta seção é feita em pé. Inclui uma saudação ao sol diferenciada, posturas de equilíbrio, movimentos do quadril e Prana Mudra. As técnicas de respiração, Khechari Mudra, e as visualizações estão sempre presentes.

Nesta seção fazemos as seguintes técnicas:

24. Respiração e Torção

25. Alongamento do corpo todo

26. Uttanasana com as pernas cruzadas

27. Surya Namaskar

28. Parsvottanasana - Prasarita Ekapadasana

29. Ardha Malasana

30. Glândulas Tireoide, Paratireoide e Pineal, e massagem nos rins

31. Samba, Inclinação Pélvica Anterior e Posterior e rotações (torções)

32. Equilíbrio 1 e 2

33. Prana Mudra

24. Respiração e Torção

Esta primeira postura em pé inclui duas técnicas: respiração e torção. O importante aqui é estar consciente do alinhamento correto do corpo em Tadasana, a pose da montanha. Haverá uma pausa após a inalação e uma pausa após a expiração. Esta pausa é chamada de "Kumbhaka", um aspecto importante do Pranayama. A segunda técnica envolve contrair os órgãos abdominais. Quando se sentir confortável é recomendável fechar os olhos para se conectar com o corpo e suas sensações durante a sequência. Durante a execução dessas técnicas mantenha a língua em Khechari Mudra.

Inspire   Expire   Inspire   Expire

Inspire   Ex-In   Expire   Inspire

1. Inicie em Tadasana, palmas das mãos unidas em frente ao peito. Comece a pressionar o centro de seus calcanhares no chão e sinta como o corpo começa a se alinhar naturalmente.

2. Mantenha sua língua em Khechari Mudra durante toda a técnica. Inspire na postura. Segure a respiração alguns segundos (Kumbhaka); exale e coloque os braços na "posição anatômica". Segure a respiração alguns segundos.

3. Inalando, levante os braços em "Urdhva Hastasana". Segure seu fôlego por alguns segundos. Não se esqueça de continuar pressionando seus calcanhares contra o chão.

4. Expirando, estique os braços para trás criando um pequeno arco com seu corpo. A cabeça deve permanecer entre seus braços. Queixo para baixo. Segure a respiração por alguns segundos. Mula Bandha.

5. Inalando retorne para "Urdhva Hastasana". Segure novamente a respiração.

6. Expirando, volte à postura inicial. Kumbhaka, com pulmões vazios.

7. Repita mais duas vezes. Idealmente com os olhos fechados. E, depois de terminar essas 3 séries, inspire novamente, e exalando torça a parte superior do seu corpo imaginando-se sentado em uma cadeira, colocando um cotovelo atrás de um joelho oposto. Olhe para as palmas das mãos. O cóccix e os joelhos devem estar alinhados. Segure a respiração.

8. Inspire e volte para Tadasana. Repita do outro lado. No total, faça a sequência completa 3 vezes.

9. A respiração é "Ujjayi".

25. Alongamento do corpo todo

Esta técnica cria calor, e calor é energia. Tente criar o máximo de espaço possível dos seus pés até as mãos enquanto realiza esta postura. O resultado é um grande alongamento de todo o seu corpo, primeiro em alinhamento com a força da gravidade, depois para os lados e, finalmente, para trás. Mula Bandha vai acontecer naturalmente.

| Inspire | Inspire-Expire | Inspire-Expire | Inspire |

| Expire-Inspire | Inspire | Expire-Inspire | Inspire | Expire |

1. Inicie em Tadasana com os pés ligeiramente separados. Pressione seus calcanhares contra o chão. Dedos das mãos entrelaçados, palmas das mãos unidas e Khechari Mudra.

2. Mantendo a pressão dos calcanhares, estique os braços em direção ao céu/teto. Respire normalmente por alguns instantes.

3. Agora incline seu corpo para um lado. Certifique-se de que ambos os braços estão igualmente esticados e que você não perdeu a pressão dos calcanhares no chão. Volte para o centro e repita do outro lado. De volta ao centro.

4. Agora comece a extensão da coluna para trás mantendo a cabeça entre os braços. Não deixe a cabeça, coluna e braços despencarem. Volte para o centro inalando, e quando expirar, aproxime as palmas das mãos na frente do peito.

5. A respiração segue a exigência de cada postura da sequência.

26. Uttanasana com as pernas cruzadas

Essa postura traz vários benefícios: em primeiro lugar, alonga os músculos posteriores das pernas; em segundo lugar, cultiva equilíbrio, especialmente se você praticar essa técnica com os olhos fechados e, em terceiro lugar, permite que você se concentre nas suprarrenais e nas glândulas da cabeça. O pescoço deve estar completamente relaxado, e a cabeça deve ficar solta durante a flexão do tronco para frente. Se quiser, pode levar a consciência da respiração até as suprarrenais usando Bastrika 1.

In   Ex-In   In   Ex   In   Ex

1. Terminamos a técnica anterior com as palmas das mãos unidas em frente ao peito. Inalando, separe as mãos e estique os braços paralelos

em direção ao céu/teto enquanto pressiona os pés (calcanhares) no chão. Esta postura se chama "Tadasana Urdhva Hastasana".

2. Cruze os pés e flexione o tronco a frente tentando tocar o chão com as mãos. Relaxe o pescoço. Solte a cabeça. Fique aqui por algumas respirações, respirando em bastrika 1. Concentre-se em seus rins.

3. Inalando, volte para Tadasana Urdhva Hastasana. Estique a coluna para trás mantendo a cabeça entre os braços e volte para o centro. Mude o cruzamento dos pés e repita.

4. Ao terminar para o outro lado, una as palmas das mãos na frente do peito.

27. Surya Namaskar

Surya Namaskar ou Saudação ao Sol é a sequência mais conhecida de posturas do Hatha Yoga. De acordo com a linhagem ou tradição a qual nos referimos, a sequência pode variar um pouco. A Saudação ao Sol é uma invenção recente. Foi criada pelo rei de Aundh. Na verdade, em 1908, Shrimant Bala Pandit Pratinidhi de Aundh publicou um pequeno livro na Índia, "The Ten-point way to Health" na língua Marathi. Em 1928, uma versão em inglês também foi publicada lá. Este livro sobre Surya Namaskar ou Saudação ao Sol, que é uma invenção recente, tornou-se muito importante para todos nós, praticantes de yoga! A maioria dos professores não sabe que a Saudação ao Sol é tão recente. A maioria das pessoas acham que existe há alguns milhares de anos.

Primeiro foi ensinada às crianças no reino do Raja, mas depois se espalhou para a maior parte da Índia. Em 1938, JM Dent and Sons publicou seu livro em Londres e muitas pessoas começaram a praticar esta sequência de posturas de yoga, mas a guerra interrompeu a propagação do Surya Namaskar. Após a Segunda Guerra Mundial, a Saudação ao Sol chegou aos Estados Unidos da América e ao resto do mundo ocidental. Pouco a pouco tornou-se a prática de yoga mais conhecida.

Eu desenvolvi minha própria versão de Surya Namaskar apenas para o GPBALANCE. A ênfase é, naturalmente, a respiração e o alinhamento do corpo, mas também a postura "Urdhva Mukha Svanasana" que se repete 7 vezes por causa do seu efeito nas glândulas suprarrenais.

In   Ex   In   Ex   In   Ex

Ex   In   In   Ex

In   Ex   In

Ex-Uddiyana   In   In   Ex

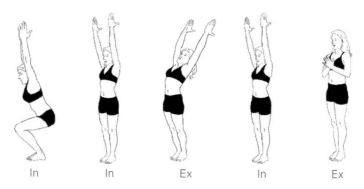

In   In   Ex   In   Ex

1. Inicie em Tadasana com as palmas das mãos unidas em frente ao peito. Khechari Mudra. Inspire pelo nariz. Pause.

2. Na expiração, solte os braços ao lado do corpo. Palmas das mãos viradas para a frente. Pause. Essa postura é chamada de "postura anatômica".

3. Inalando, eleve os braços paralelos à cabeça: Urhva Hastasana. Pause.

4. Exalando, flexione sua coluna para trás. Pause.

5. Volte para o centro (Urdhva Hastasana) inalando. Pause.

6. Ao exalar, dobre os joelhos em Utkatasana e com a coluna reta sem parar o movimento, leve as mãos para o chão: Uttanasana (Estenda as pernas). Pause. Este Asana relaxa a mente e direciona o fluxo de sangue em direção à glândula pineal.

7. Inalando, expanda o centro do peito e olhe para frente, mantendo a cabeça alinhada com a coluna e, com os pulmões cheios, caminhe com pés até a postura da prancha. Primeiro a perna esquerda, depois a direita. Pause.

8. Ao exalar desça o corpo todo paralelo ao chão parando apenas por um segundo em Chaturanga Dandasana. Suas mãos devem estar debaixo dos ombros e a testa no chão. Dedos dos pés flexionados também tocam o chão.

9. Inale lentamente e traga seu corpo em Urdhva Mukha Svanasana. Sinta a compressão das glândulas suprarrenais. Expirando, muito lentamente, volte para o chão. Repita esta ação 7 vezes. Quando inalar pela última vez, permaneça em Urdhva Mukha Svanasana e faça Bhastrika 17 vezes concentrando-se nos rins. Então, vá para Adho Mukha Svanasana.

10. Em Adho Mukha Svanasana repita 10 vezes o pranayama Kapalabhati e, em seguida, ative Uddiyana Bandha, puxando sua língua para fora. Depois disso, na próxima inalação, traga sua perna esquerda para a frente primeiro, em seguida, a direita e entre em Ardha Uttanasana.

11. Exhale: Uttanasana. Pause.

12. Dobre os joelhos e entre em Utkatasana. Inspire até Urdhva Hastasana. Pause.

13. Exalando, flexione sua coluna para trás. Pause.

14. Volte o corpo para o centro inalando e, exalando, traga as palmas das mãos em frente ao peito. Pause.

15. Agora repita a sequência para o outro lado, porém, dessa vez entre na prancha com a perna direita e retorne para Ardha Uttanasana com a mesma perna, direita.

Fazemos apenas duas sequências de saudação ao sol. Depois vamos para Parsvottanasana - Prasarita Ekapadasana, a próxima técnica.

28. Parsvottanasana-Prasarita Ekapadasana

Estas duas técnicas são posturas de equilíbrio, mas ao mesmo tempo são boas para alongar os músculos posteriores das pernas. Parsvottanasana fortalece suas costas e Prasarita Ekapadasana convida você a conhecer mais sobre as posturas invertidas.

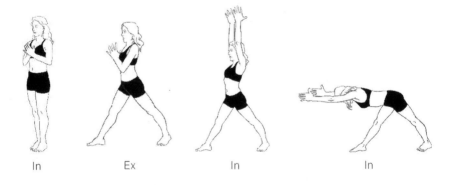

In   Ex   In   In

Ex   Ex   In   Ex   In

In   Ex   In   Ex

1. Inicie em Tadasana com as palmas das mãos unidas em frente ao peito. Khechari Mudra. Inale.

2. Transfira o peso do corpo para o pé direito e exalando dê um grande passo para trás com sua perna esquerda. Ambos os pés devem estar no chão e seus quadris alinhados para frente. Quando você se sentir equilibrado, inale levantando os braços para Urdhva Hastasana alongando bem sua coluna para o alto.

3. Expirando curve o tronco para a frente tentando manter seu tronco paralelo ao chão. Faça 7 vezes a respiração Bhastrika 1.

4. Leve as mãos até o chão alinhadas na largura dos ombros. Ajuste a postura e o alinhamento.

5. Mova as mãos um pouco para a frente transferindo o peso sobre elas e eleve sua perna de trás, aproximando-se o máximo que puder da sua perna direita. Fique aqui por duas respirações.

6. Traga os dois pés novamente unidos. Automaticamente seu peito se expandirá, e sua cabeça se levantará. Inale.

7. Exalando desça em Uttanasana.

8. Então, flexione os joelhos e retorne inalando passando por Utkatasana e finalizando em Urdhva Hastasana.

9. Expirando flexione o tronco para trás.

10. Inale e retorne ao centro.

11. E na próxima inalação, aproxime as palmas das mãos na frente do peito.

12. Repita a sequência com a outra perna.

29. Ardha Malasana

Essa variação de Malasana torna seus quadris flexíveis e fortalece suas pernas e coluna vertebral. São 3 posturas: mãos no chão, braços elevados e palmas das mãos unidas. Em cada uma dessas posturas fazemos Kapalabhati, no mínimo, 30 vezes. Ao finalizar, você usa a força das pernas para retornar à posição em pé.

Essas variações são excelentes para fortalecer os tornozelos e todo o tronco. Elas promovem a abertura das virilhas. Os músculos abdominais tornam-se fortalecidos, auxiliando a função do cólon e da peristalse. É também recomendada para a parte de trás das costas, principalmente para a região lombar. Essa técnica melhora a circulação do sangue na região pélvica aumentando a energia sexual.

K   K   K

1. Posicione os pés separados na largura do tapete, dedos dos pés voltados para fora. Mãos unidas em frente ao peito. Khechari Mudra.

2. Agache-se e leve os dedos das mãos até o chão e suas nádegas o mais perto possível de seus calcanhares. Faça 30 Kapalabhatis. Faça tantas quantas respirações quiser, com qualidade.

3. Em seguida, estique os braços em direção ao teto, dedo indicador e polegar unidos e faça mais 30 Kapalabhatis.

4. Depois, traga as palmas das mãos unidas em frente ao peito, pressione os cotovelos contra os joelhos. Faça mais 30 Kapalabhatis.

5. Então, retorne para a primeira posição, em pé.

30. Glândulas Tireoide, Paratireoide e Pineal, e massagem nos rins

Esta é uma espécie de compensação para a técnica anterior. Ele agirá sobre sua tireoide, paratireoide, glândula pineal, e rins se você os visualizar com intensidade. A língua deve estar pressionando o palato mole.

1. Depois de levantar seu corpo da posição anterior, de agachamento, coloque seus pés paralelos em Tadasana, entrelace os dedos das mãos atrás das costas e leve sua cabeça para trás o máximo possível, apontando seu queixo para o alto. Não dobre as costas.

2. Faça Bhastrika 1 pelo menos 7 vezes e retorne para Tadasana se preparando para a próxima técnica: Massagear os rins.

Com a parte interna dos punhos, massageie seus rins com batidas leves, para cima e para baixo por alguns segundos. Você vai sentir que a área dos rins aquece. Concentre-se nessa área. Para finalizar essa técnica, se quiser, esfregue uma mão na outra até que aqueçam um pouco e aplique esse calor nos rins.

31. Samba, Inclinação Pélvica Anterior e Posterior e rotações (torções)

Essas 3 técnicas têm um propósito comum: soltar os quadris. Colocamos as mãos na cintura e os pés ficam ligeiramente separados. A respiração é Ujjayi.

O samba é um ritmo musical com raízes africanas, nascido no Brasil, do qual deriva um tipo de dança. É uma das principais manifestações musicais da cultura popular no Brasil e símbolo da identidade nacional. Dinah Rodrigues usa Samba em suas aulas. Pensei que seria divertido fazer o mesmo porque é um movimento rítmico sensual dos quadris. A inclinação da pelve é um movimento importante, bem como as rotações, especialmente se sincronizadas com a respiração.

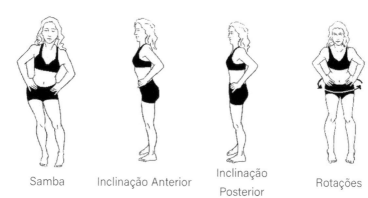

Samba   Inclinação Anterior   Inclinação Posterior   Rotações

1. Samba: Mãos na cintura. Khechari Mudra. Inalando, aproxime um joelho do outro para a lateral. Exalando, faça para o lado oposto. Tente achar um ritmo. Faça isso algumas vezes.

2. Inclinação anterior e posterior: ao inalar, traga o cóccix para trás e o osso púbico para baixo. Ao exalar, dobre ligeiramente os joelhos, coloque o cóccix para dentro. Faça Bastrika 2 quantas vezes for possível.

3. Rotações: Rotacione seus quadris 7 vezes para um lado e 7 vezes para o outro, respirando normalmente.

32. Equilíbrio 1 e 2

À medida que envelhecemos, perdemos o equilíbrio. Portanto, muitos idosos quebram os quadris quando perdem o equilíbrio e caem. A boa notícia é que o equilíbrio pode ser reaprendido. É uma questão de prática. Apresento aqui duas técnicas de equilíbrio. Na primeira, damos leves batidas no Timo para estimulá-lo e na segunda colocamos nossas mãos unidas na frente do peito. Tentamos fazer a segunda técnica com os olhos fechados.

A ciência demonstrou que as pessoas que passam muito tempo andando sem sapatos têm muito mais equilíbrio do que aquelas que mantêm seus pés 'prisioneiros'

1. Desloque o peso do corpo para a perna esquerda e, dobre o joelho direito para trás, segure o tornozelo direito com a mão direita. Com a mão esquerda, estimule o Timo dando batidas leves no centro do peito enquanto sorri ou dá gargalhadas.

2. Mude a perna e repita para o outro lado.

3. Segunda técnica: posicione o pé esquerdo atrás do pé direito de forma alinhada. Una as mãos em frente ao peito. Feche os olhos e tente permanecer, se possível, mais do que de 30 segundos com os olhos fechados.

4. Agora coloque seu pé direito atrás do pé esquerdo e repita.

33. Prana Mudra

Este Prana Mudra não é o Prana Mudra que fazemos com nossas mãos. Para esta técnica usamos o corpo inteiro, a respiração e a visualização. Em Ki-Gong há algo semelhante. A ideia é sincronizar o movimento com a respiração e carregar as mãos com o Prana que aplicaremos aos centros de energia (Chakras) que precisam dessa energia e, eventualmente, alinhar todos os Chakras. Normalmente começamos com os olhos abertos e lentamente os fechamos para aumentar o poder dessa técnica. Essa técnica gera muito calor e calor é energia.

Prana Mudra é uma técnica de Prana Shakti, o método que inspirou GPBALANCE.

Prana Mudra is a technique of Prana Shakti the method that inspired GPBALANCE.

1. Ao terminar a segunda técnica de equilíbrio, coloque o pé direito ao lado do esquerdo e inicie Prana Mudra.

2. À medida que você dobrar os joelhos descendo, seu centro corporal os braços seguem o movimento. Expire. Quando o centro de gravidade desce, os braços e as mãos também o fazem. Não feche os cotovelos. Tente fazer um círculo com os braços à sua frente. A língua está em Khechari Mudra. As mãos estão abertas, mas relaxadas e viradas para baixo.

3. Enquanto eleva seu centro de gravidade, as palmas das mãos viram-se para cima. Lentamente comece a se concentrar em suas mãos.

4. Vá para cima e para baixo quantas vezes quiser, mas no mínimo de 10 vezes. Se possível, permaneça de olhos fechados.

5. Ao terminar, coloque as mãos na frente do Chakra que quer ativar e depois deixe suas mãos descansarem nas laterais do seu corpo e sinta o quão carregadas de Prana elas estão. Relaxe a língua.

6. Respire normalmente.

Quarta Seção

(Metade desta seção é feita de barriga para baixo e metade de barriga para cima)

Na primeira parte, a ênfase é em pressionar o púbis no chão e fortalecer a região central do corpo (core); na segunda, continuamos trabalhando na área abdominal e terminamos com posturas invertidas.

Nesta seção fazemos as seguintes técnicas:

34. Inclinação da Pélvis, Escápulas e Coluna

35. Pineal, Pituitária e Hipotálamo

36. Meia Prancha

37. Esfinge 1 e 2

38. Pressão do Osso Púbico

39. Transição1: Urdhvamukha, Adhomuka, Prancha, Adhomuka, barriga para cima.

40. Ciclo Navasana

41. Posturas Invertidas

42. Posturas Finais

34. Inclinação da Pélvis, Escápulas e Coluna

Aqui repetimos os mesmos movimentos que fizemos na segunda seção, que é a inclinação da pelve, desta vez na posição de quatro apoios. Esta é a primeira parte; a segunda consiste em manter os braços totalmente retos enquanto o peito vai em direção ao solo e as escápulas se juntam e se separam. Isso traz flexibilidade para esta região e para os ombros, mas o mais importante é a ativação da glândula timo. A terceira parte ativa toda a coluna vertebral.

Inclinação Pélvica

Neutra   Pressionando as mãos   Aproximando e descendo as escápulas

Gato   Vaca

1. Saindo da postura em pé, de preferência com os olhos fechados, desça até o chão e fique na posição de quatro apoios. Os dedos das mãos devem, de preferência, apontar para fora. Como sempre, Khechari Mudra. A respiração para as três técnicas é Ujjayi.

2. Inclinação pélvica: Ao inalar, incline sua pelve para frente e à medida que exalar, para trás. Quando inalar, relaxe o assoalho pélvico e quando exalar, contraia-o. Faça isso pelo menos 15 vezes concentrando-se nos Chakras inferiores. Encontre um ritmo.

3. Escápulas: agora, com as costas em posição neutra, solte o peito entre os braços concentrando-se no timo. Ao exalar, pressione as mãos no chão. As lâminas das escápulas se separarão automaticamente. Encontre um ritmo. Faça isso algumas vezes, preferencialmente, 10 ou mais.

4. Coluna vertebral - a última etapa dos movimentos: engajando toda a coluna. Ao expirar, tente aproximar sua testa do osso púbico. Fique aqui pelo menos alguns segundos contraindo o assoalho pélvico. Ao inalar, solte o abdômen, relaxe o assoalho pélvico, e abra o peito sem levar a cabeça para trás. Se você fizer isso, você vai comprimir desnecessariamente as vértebras do pescoço. Concentre-se em toda a coluna. Faça este exercício 7-10 vezes.

35. Pineal, Pituitária e Hipotálamo

Todas as técnicas nesta parte da sequência têm a intenção de levar nossa atenção para as glândulas internas do cérebro. Como vimos anteriormente, quando descrevi os diferentes hormônios (Livro 9), estas são as glândulas mestres que precisam ser ativadas vez ou outra. A concentração deve ser direcionada para o terceiro olho e parte superior da cabeça.

In   In-Ex   Ex   In

Ex   Ex   Ex-In   In-Ex

1. Balayogamudrasana é o nome da primeira postura. Leve os dedos polegares para o centro da palma das mãos e feche-os com os outros 4 dedos das mãos, enquanto senta-se nos calcanhares. Posicione as mãos fechadas encaixadas no baixo ventre e incline o tronco à frente, colocando a testa no chão e relaxe os braços e cotovelos para as laterais. Use seus músculos abdominal transversais para contrair seu abdômen ao exalar e sinta a ação reflexa de Mula Bandha. Segure a respiração alguns segundos e relaxe. Repita 10 vezes. A língua está em Khechari Mudra.

2. Quando terminar, eleve os quadris e, exalando, role o topo da cabeça no chão. Segure a respiração alguns segundos e, ao inalar, desenrole até a testa tocar o chão novamente. Repita 3 vezes, depois descanse em Balasana.

3. Se você quiser um desafio, separe os braços na largura do tapete com as palmas das mãos viradas para cima. Estique as pernas certificando-se de que sua cabeça está apoiada exatamente em seu topo.

4. Pressione o dorso das mãos no chão e levante as pernas para a posição vertical. (Fica mais fácil quando você começa essa técnica afastando um pouco as pernas). Permaneça na invertida sobre a cabeça e respire com suavidade.

5. Então, lentamente, retorne para Balasana. Respire. Descanse levando o centro das sobrancelhas ao chão para ativar a glândula pineal e liberar emoções positivas. O fluxo sanguíneo também é direcionado para o cérebro.

36. Meia Prancha

Esta é uma postura clássica, bem conhecida por seus efeitos benéficos para o núcleo do corpo (core) e toda a parte de trás. É praticada regularmente por atletas. Fortalecer os músculos do abdômen significa proteger os órgãos abdominais e ter uma coluna forte. No GPBALANCE damos grande importância para essa região. Como de costume, Khechari Mudra e Bhastrika 1. Tente aumentar sua resistência permanecendo na prancha por até 3 minutos. A concentração e o foco estão em Manipura Chakra, e nos Chakras inferiores.

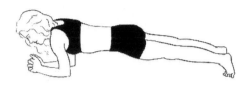

1. Entrelace os dedos das mãos e coloque os cotovelos debaixo do ombro. Abra o peito e mantenha a coluna reta e alinhada. Mula Bandha ajuda. Tente criar uma linha imaginária entre o topo da cabeça e os calcanhares. Em outras palavras, a coluna vertebral deve estar em um modo de tração. Língua em Khechari Mudra. Comece a fazer Bhastrika 1 quantas vezes conseguir. Comece com 30 segundos.

2. Ao terminar, descanse seu corpo no chão e siga para a próxima técnica.

37. Esfinge 1 e 2

Esta técnica é feita em duas etapas. Primeiro, adotamos a postura da Esfinge. Pressionamos os antebraços e as mãos no chão para esticar a pele do osso púbico até o osso da clavícula. As escápulas se unem naturalmente. Sempre Khechari Mudra e Bhastrika 1. Na postura da Esfinge 2, nós apenas esticamos os cotovelos, abrimos um pouco mais o peito e continuamos fazendo Bhastrika 1.

É importante, em ambas as técnicas, pressionar o chão com os dedos dos pés flexionados e esticar as pernas para trás. Isso cria uma pressão adicional sobre a área púbica. O objetivo da Esfinge é ativar essa área que está adormecida na maioria das pessoas. A ciência provou que ativa os hormônios sexuais.

Sphinx 1

Sphinx 2

Grande parte das pesquisas sobre a relação entre hormônios e yoga realizadas pelo mundo científico são baseadas na pressão do osso púbico contra o chão em posturas como Bhujangasana e outras similares. Elas estimulam a polaridade sexual e relaxa a região lombar. Do ponto de vista físico, você sentirá que a parte de trás do seu corpo contrai (costas, glúteos e pernas). Do ponto de vista hormonal, uma corrente de energia é criada entre o polo positivo e o negativo. Foi precisamente esse tipo de postura que os cientistas liderados pelo médico Rinad Minvaleev, da Universidade de São Petersburgo, usaram para verificar o comportamento dos hormônios sexuais em seus pacientes. Os voluntários tiveram que manter a postura no mínimo três minutos pressionando a zona urogenital e os glúteos enquanto pressionavam as palmas das mãos contra o chão tentando levantar o máximo possível o peito e a cabeça, como uma cobra.

38. Pressão do Osso Púbico

Esta é uma espécie de variação da Esfinge, mas mais intensa. O ritmo é fundamental. A concentração em Swadhistana Chakra também é importante. É uma técnica que ativa os hormônios sexuais e, portanto, desperta a libido.

A maioria das pessoas ao praticar essa técnica ri de nervoso porque é como fazer sexo, mas com o chão! Produz uma vibração que viaja da parte inferior até os centros de energia superiores, conectando ambos os polos, positivo e negativo.

Do ponto de vista físico, dá mobilidade aos quadris. A rigidez nos quadris, dizem alguns psicólogos, reflete rigidez emocional. Diz-se que os quadris representam suas crenças básicas em relação ao mundo. Também é dito que se os quadris não se movem significa que você está bloqueando seu prazer sexual ou porque você está com medo ou tem uma sensação de culpa. Isso pode evoluir para impotência sexual ou frigidez. Representa sua incapacidade de se aceitar como você é com suas virtudes e defeitos.

Inspire   Expire, pressione e segure   Inspire

1. Deite-se de barriga para baixo. Coloque os braços numa posição que seja confortável. Dedos dos pés flexionados pressionam o chão e as pernas ficam separadas na largura do tapete.

2. Faça uma inspiração normal, eleve os quadris; ao expirar normalmente, pressione seu osso púbico contra o chão e ative Mula Bandha. Segure a respiração alguns segundos concentrando-se nas sensações. Faça Khechari Mudra. Repita quantas vezes quiser.

3. Você também pode usar a respiração Ujjayi.

4. Ao terminar, relaxe suavemente movendo seus quadris de um lado para o outro. Traz uma sensação muito agradável.

39. Transição1: Urdhvamukha, Adhomuka, Prancha, Adhomuka, barriga para cima.

Esta transição é usada para mudar a posição do corpo que estava voltado para o chão na posição de barriga para baixo e, a partir de agora, vai virar de barriga para cima. Também ativa o corpo e mobiliza a energia ainda mais para o corpo inteiro. É bastante revigorante.

1   2   3

| 4 | 5 | 6 |

1. Ao finalizar a técnica anterior, coloque as mãos embaixo dos ombros e execute Urdhva Mukha Svanasana com os dedos dos pés flexionados pressionando o chão. Com sua língua em Khechari Mudra, faça 7 respirações Bhastrika 1, levando a atenção às glândulas suprarrenais.

2. Quando terminar Urdhva Mukha Svanasana, na expiração entre em Adho Mukha Svanasana.

3. De Adho Mukha, inale e entre na Prancha e, da Prancha, entre em Adho Mukha, exalando. Repita a sequência 10 vezes. Uma alternativa é fazer isso com os pulmões vazios.

4. No último Adho Mukha, faça 7 respirações Kapalabhati e na última exalação, ative Uddiyana Bandha (língua para fora). Depois, inicie a transição para virar a parte da frente do corpo para cima. Para fazer isso, traga, primeiro, o joelho direito entre as mãos e leve a nádega direita no chão enquanto traz a perna esquerda para frente. Agora você está pronto para entrar no Ciclo Navasana.

40. Ciclo Navasana

A técnica deve ser aprimorada pouco a pouco. Para a maioria das pessoas, especialmente se você tem pernas longas, será difícil levantá-las, mas à medida que você desenvolve músculos abdominais fortes (core), você vai fazê-la sem esforço. São 4 etapas: na primeira, sentamos com os braços para trás, na segunda, levantamos as pernas; na terceira, fazemos a postura do barco e na última, colocamos as mãos no chão e tentamos aproximar as pernas da cabeça.

1. Estique as pernas e coloque as mãos no chão atrás das costas. Tente manter o alinhamento entre a cabeça e a coluna. O peito se abrirá. Respire normalmente por alguns segundos.

2. Certifique-se de que seus pés estão ativos com os dedos apontando para o seu rosto. As pernas devem estar bem esticadas. Fazendo Bhastrika 1, comece a levantar lentamente as pernas o máximo que puder. Faça pelo menos 7 respirações.

3. Coloque as mãos em Paripurna Navasana e faça pelo menos mais 7 respirações Bhastrika 1, concentrando-se sempre no centro do corpo e nos Chakras dessa região.

4. Por último, coloque as mãos no chão, nas laterais do corpo, e tente aproximar ainda mais as pernas da cabeça.

41. Posturas Invertidas

No Hatha yoga, as posturas invertidas são altamente elogiadas por seus muitos benefícios. Essas posturas promovem uma ampla gama de emoções: perplexidade, medo, ansiedade, aversão, rejeição e excitação. Virar-se de cabeça para baixo é contrário à nossa natureza física, e ainda assim os benefícios são muitos. Assim como o yoga gentilmente nos encoraja a nos afastar de qualquer padrão habitual inconsciente, o convite para inverter é simplesmente outra maneira de 'agitar' as coisas.

Uma inversão é geralmente categorizada como qualquer Asana no qual a cabeça está abaixo do coração. E, se a Invertida sobre a cabeça, invertida sobre os braços e a Invertida sobre os ombros imediatamente vêm à mente, há variações mais suaves que podem ser mais acessíveis para os alunos no início de sua relação com a inversão: Cachorro olhando para baixo, Flexões para frente em pé e Pernas na parede são maneiras adoráveis para fazer as coisas se moverem em novas direções.

Como todas as coisas da vida, ficar de cabeça para baixo não deve ser universalmente prescrito. Existem certas contraindicações que devem ser observadas para não causar ou piorar lesões ou doenças já existentes: pressão alta não medicada, algumas condições cardíacas, lesões no pescoço, derrame recente, descolamento de retina, glaucoma e epilepsia são questões comuns que devem ser tratadas antes de realizar uma invertida.

Além disso, o debate continua sobre se as mulheres durante o período menstrual devem de fato não realizar invertidas. Sugiro ouvir seu corpo e o que parece apropriado durante as fases do seu ciclo. Isso pode significar abster-se ou simplesmente manter as invertidas por períodos mais curtos de tempo. A invertida que fazemos no GPBALANCE é leve: Shirshasana, Viparita Karani Mudra e uma variação de Halasana.

Alguns dos benefícios gerais das posturas invertidas são: melhorar a circulação do sangue no corpo proporcionando ao cérebro mais oxigênio, melhorando assim as funções mentais, incluindo capacidades de concentração, memória e processamento de habilidades; aumentar a imunidade e prevenir doenças: à medida que a linfa se move pelo corpo ela carrega toxinas e bactérias para serem eliminadas pelos linfonodos. Como a linfa se move como resultado de contrações musculares e gravidade, ficar de cabeça para baixo permite que viaje mais facilmente para o sistema respiratório, por onde muitas das toxinas entram no corpo; energizar: posturas invertidas levam o fluxo sanguíneo para o cérebro, o que resulta não só em revigoramento físico, mas também em revitalização mental; relaxar: enquanto as invertidas de aquecimento energizam, as invertidas do tipo de resfriamento (sobre os ombros e Viparita Karani Mudra) trabalham para acalmar o sistema nervoso, ativando assim o sistema nervoso parassimpático, produzindo sentimentos de equilíbrio e calma; melhorar o equilíbrio e aumentar a força do core (abdômen) e construir confiança. Lembram-nos também de nossa criança interior: elas são divertidas!

Viparita Karani   Ardha Halasana

1. Na última postura da técnica anterior, você já está na metade do caminho de Viparita Karani Mudra. Use o impulso para levantar as pernas. Use as mãos para apoiar os quadris. Mantenha as pernas retas em um ângulo de 90 graus. A língua está em Khechari Mudra e a atenção em Vishuddhi Chakra, tireoide e glândulas cerebrais.

2. Agora comece a fazer Bhastrika 2. Pelo menos 10 respirações antes de entrar na próxima técnica, Halasana.

3. A postura Halasana que fazemos no GPBALANCE é um pouco diferente da clássica. Os joelhos ficam dobrados, pressionando a testa, ativando ainda mais as glândulas do cérebro, começando pela Pineal. A respiração aqui é realizada de acordo com o esforço exigido.

42. Posturas Finais

Essas posturas incluem as compensações necessárias para as técnicas de invertidas que acabamos de fazer: Ardha Matyasana. Aqui as glândulas tireóide e paratireóide ficam expostas, portanto, é fácil de visualizá-las e se concentrar-se nelas. A técnica do "ressuscitado" desafia você a usar Mula Bandha para se sentar, repita 7 vezes. É divertido de fazer!

Ardha Matyasana   Ressuscitado   Inpire-Expire

Dandasana   Paschimottanasana

1. Saindo de Ardha Halasana desenrole o corpo até Ardha Matsyasana. Coloque os antebraços no chão, abra o peito e deixe sua cabeça pendurada para trás e comece a fazer Bhastrika 1 concentrando-se nas glândulas do pescoço e dentro do cérebro. Língua em Khechari Mudra.

2. Quando terminar, deite-se no chão. Depois de algumas respirações, contraia as pernas e ative os pés. Na exalação, sente-se com a coluna ereta, sem usar os braços ou levantar os calcanhares do chão. Na inalação, deite-se novamente. Repita 7 vezes.

3. Quando se sentar pela última vez, permaneça em Dandasana. Corrija sua postura alinhando sua coluna com a gravidade. Levante os braços em Urdhva Hastasana. Inspire e sem curvar a coluna ou abaixar os braços, incline o tronco para a frente. Comece a fazer Bhastrika 1. Tome um pouco de fôlego. Então, relaxe o tronco em suas pernas. Fique aqui algumas respirações sem esforço, concentrando-se nas suprarrenais. Esta postura é Paschimottanasana.

4. Entrelace os dedos das mãos, eleve o tronco e vire as palmas das mãos para cima. Estique a coluna para o alto. Inspire e segure a respiração. Quando expirar, traga as palmas das mãos unidas em frente ao peito.

Quinta Seção

(Posição sentada com a coluna ereta)

Esta quinta e última seção, é também realizada na postura sentada com a coluna ereta e alongada, como na primeira seção e, de preferência também com a bola de tênis no assoalho pélvico. A ênfase nesta seção é a criação de um vácuo na área abdominal para executar várias técnicas como Uddiyana Bandha, Agni Sara Dhauti e Nauli. A seção começa a estimular a glândula timo e termina com Ashwini Mudra, Nadi Shodhana Pranayama, uma breve contemplação (que inclui seu último Sankalpa), Neo-Tummo e Yoga Nidra deitado.

Essas últimas técnicas têm uma coisa em comum: são ótimas para manter nossos níveis de cortisol e adrenalina sob controle, equilibrados. À medida que envelhecemos, a secreção de cortisol aumenta. Os idosos são muito mais sensíveis ao estresse e ao medo. Em tempos de turbulência como o que vivemos no Chile em 2020 e 2021, as pessoas com mais de 65 anos foram as mais afetadas emocional e psicologicamente. Assim como as mulheres porque ficam mais deprimidas que os homens. A Pesquisa Nacional de Saúde do Chile revelou que a relação é de 5 para 1. O estresse libera cortisol e adrenalina, hormônios que encontram seu caminho para o coração tornando-o mais propenso a doenças cardiovasculares, diabetes tipo 2 e, o que é ainda mais grave, a relação entre estresse e câncer, uma vez que o cortisol é um poderoso imunossupressor.

Esta seção aborda também, embora não em profundidade, os Kriyas, alguns deles são técnicas de limpeza que se enquadram na categoria de Shatkarmas. "Shat" significa seis; "Karma", ação. São elas: Dhauti, Vasti, Neti, Kapalabhati, Nauli e Trataka. O Yoga Sutras de Patanjali 2.1 define três tipos de kriya: ascetismo, recitação e devoção ao senhor.

Tossir, espirrar, vomitar, cuspir, defecar, urinar, chorar, suar e, em geral, qualquer coisa ligada a materiais e fluidos corporais desagradáveis são funções básicas que culturalmente foram reprimidas. Fomos ensinados a reprimir essas funções, até mesmo a não mencionar e às vezes a usá-las até para insultar, mas todas elas têm a capacidade de limpar, purificar e aliviar o corpo de obstruções acumuladas e, claro, toxinas.

A energia crescente que controla o reflexo da tosse é limpar os pulmões e a garganta. Se reprimirmos esse reflexo, podem ocorrer distúrbios. Da mesma forma, um bom espirro limpa o seio da face e ativa a energia da cabeça; o vômito limpa o estômago; a urina limpa a bexiga e os rins; a defecação limpa os intestinos; a função sexual ativa os órgãos sexuais e todos os músculos da região sexual; o suor lubrifica a pele; lágrimas limpam os olhos... etc.

Reprimir essas funções naturais pode desencadear uma série de distúrbios emocionais, físicos, energéticos e mentais criando desequilíbrios nos "Doshas" e nos "Vayus". No corpo físico podem afetar as funções das glândulas e provocar um aumento na quantidade de "Ama" (toxinas). GPBALANCE ajuda a equilibrar os hormônios secretados por nossas glândulas endócrinas.

Nesta seção, fazemos as seguintes técnicas:

43. O Riso da Glândula Timo

44. Uddiyana Bandha

45. Agnisara Dhauti

46. Nauli

47. Ashwini Mudra

48. Respiração Nadi Shodhana

49. Meditação (Contemplação) e Sankalpa final

50. Neo-Tummo e Shavasana

Nota: A quinta seção, da técnica 43 a 48, pode ser substituída por apenas uma técnica: respiração lenta Ujjayii por 15 minutos seguida pela técnica 49 e 50. Sugiro fazer essa substituição em dias alternados.

43. O Riso da Glândula Timo

O timo é uma glândula fundamental para o nosso sistema imunológico. Sua principal função é a produção de linfócitos T que defendem o corpo de organismos capazes de causar doenças. O "T" dos Linfócitos T decorre do fato de que sua maturação tem lugar no timo. Esta glândula é um órgão linfoide, fundamental para o sistema imunológico, e sensível a estímulos psicológicos como medo, ódio, raiva e depressão. Quando se torna uma doença fraca, doenças aparecem. Pode causar problemas aos sistemas imunológicos, como asma, todos os tipos de alergias e problemas ainda mais graves. Da mesma forma, quando sentimos gratidão, amor, felicidade e generosidade, o timo se fortalece. Rir torna-o muito forte. O timo se relaciona com Anahata Chakra.

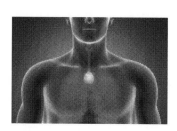
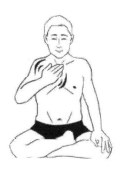

1. Sente-se com a coluna ereta.

2. Inspire lentamente e, ao expirar, comece a bater levemente no centro superior do seu peito enquanto ri.

3. Abaixe a mão, inspire novamente, levante a outra mão e faça o mesmo.

4. Repita mais duas vezes.

5. Sente-se em silêncio por alguns instantes sentindo o calor em seu peito.

44. Uddiyana Bandha

Significa "voar para cima". O que voa para cima são os órgãos abdominais, sob as costelas. É feito com Bahya Khumbaka. É melhor não fazer à noite e, nunca, depois de comer. A maneira mais fácil de realizar essa técnica é em pé, mas pode ser feita de várias maneiras, como agachado (como meu professor Shri Yogendra na foto) ou, como em GPBALANCE, na posição sentada.

O texto antigo do yoga diz que este Bandha tem poderes de cura extraordinários, principalmente para problemas abdominais. De acordo com a tradição indiana, a área do abdômen é considerada o "forno" do corpo. Em sânscrito é chamada de "Kunda". Aqui, calor e energia são armazenados. Este Bandha é melhor se realizado logo pela manhã, antes do café da manhã. Depois de ter feito uddiyana bandha, espere pelo menos meia hora antes de comer qualquer coisa.

Uddiyana Bandha torna seus músculos abdominais e o diafragma muito fortes; os órgãos abdominais internos ficam rejuvenescidos devido ao aumento da circulação sanguínea; é uma ótima massagem para os intestinos que melhoram a excreção; previne o prolapso do útero; nos torna muito conscientes de nossos órgãos abdominais; aumenta nossos níveis de energia; aumenta também a pressão intra-abdominal melhorando a circulação do Prana; estimula o plexo solar; nos prepara para a realização de Agnisara Dhauti e Nauli; estimula Manipura, Muladhara e Swadisthana Chakra e acalma a mente.

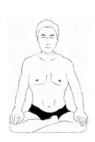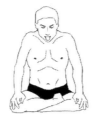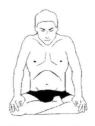

Simhasana   Uddiyana Bandha

1. Sente-se com as costas retas e as mãos nos joelhos. Antes de começar, respire devagar e conscientemente algumas vezes.

2. Faça Simhasana, puxando sua língua para fora quando expirar profundamente.

3. Sem ar nos pulmões, faça Khechari Mudra.

4. Relaxe os músculos abdominais e um vácuo no abdômen será produzido por si só. Você pode fazer Mula Bandha e Jalandhara Bandha, pressionando as mãos nos joelhos.

5. Mantenha Uddiyana Bandha enquanto for confortável. Então, relaxe os músculos abdominais e inspire.

6. Depois de cada Uddiyana, respire normalmente e observe sua mente. (Shambhabi Mudra)

7. Repita 3 vezes.

8. Quando isso ficar fácil, levante os braços como na ilustração.

45. Agnisara Dhauti

Este Kriya é parecido com Uddiyana Bandha, mas feito várias vezes, rapidamente e continuamente, sem respirar. É traduzido como "lavagem pelo fogo", neste caso por Agni, o fogo que estimula Manipura Chakra. É importante dominar Uddiyana Bandha antes de praticar Agnisara Dhauti. Calor é gerado.

É dito que este Kriya estimula os Chakras inferiores, particularmente, Manipura Chakra, ajudando na digestão. Faz um detox no corpo. Também ajuda o sistema imunológico. Em Yogaterapia é usado para desbloquear a energia "samana" e combater a obesidade. Fortalece as costas, o abdômen, os rins, o intestino delgado e elimina as toxinas do sangue.

Muitas repetições de Agnisara são mais fáceis de fazer depois de fazer as respirações Bhastrika ou Kapalabhati.

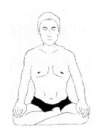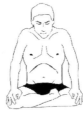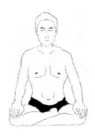

Simhasana   Agnisara Dhauti

1. Sente-se com a coluna ereta e as pernas cruzadas, confortavelmente. Use sempre um cobertor dobrado para sentar-se.
2. Antes de começar, observe sua respiração natural por alguns momentos.
3. Faça Shimhasana e Uddiyana Bandha. Khechari Mudra, Mula e Jalandhara Bandha.
4. Sem ar nos pulmões, contraia e relaxe repetidamente e rapidamente seu abdômen até sentir que está perdendo energia, ou que precisa inalar (sempre pelo nariz). Antes de inalar, relaxe primeiro seu abdômen e alinhe sua cabeça com a coluna.
5. Observe "Chidakash", sua tela mental.
6. Tente fazer de 15 a 30 contrações, pelo menos duas ou três vezes.

46. Nauli

Este é outra Shatkarma do Hatha Yoga, uma técnica de limpeza interna. Deve ser feita de preferência no início da manhã, antes de comer qualquer coisa. Como um dos propósitos desta técnica é reprogramar a área abdominal, no início será difícil, pois temos poucas conexões com os músculos internos do abdômen, e eles devem ser educados equanto novos caminhos neurais são construídos com o passar do tempo. Não force, mas pratique diariamente e seus esforços serão recompensados.

É muito mais fácil fazer Nauli em pé, com os joelhos flexionados e as mãos pressionando as coxas, porém, no GPBALANCE fazemos isso sentado, já que toda a quinta seção é realizada na postura sentada no chão.

O isolamento de ambos os músculos do reto abdominal é chamado de "Madhya Nauli"; o isolamento da esquerda é chamado de "Vama Nauli" e o direito, "Dakshina Nauli". Quando as diferentes práticas de Uddiyana, Vama, Dakshina e Madhya Nauli são feitas juntas, uma rotação dos músculos é produzida. Isso pode ser feito no sentido horário e anti-horário. Chama-se "Nauli Chalana".

Nauli é uma das melhores técnicas para mover a energia vital, Prana. Faz uma boa massagem nos órgãos abdominais internos que os purifica e desintoxica. Melhora a capacidade respiratória; reduz problemas de prisão de ventre; estimula o pâncreas, rins, próstata, vesícula biliar, ovários, fígado e todo o sistema urinário e digestivo. Elimina toxinas e fortalece o sistema imunológico. Diz-se que ajuda pessoas com diabetes.

Nauli age sobre Pranamaya e Manomaya Koshas (as camadas energéticas e mentais) criando clareza mental e poder de vontade.

Do ponto de vista do GPBALANCE, essa técnica é muito poderosa porque estimula a área sexual. Recomenda-se aos homens que sofrem de ejaculação precoce e disfunção erétil.

Para ser eficaz, deve ser praticada diariamente.

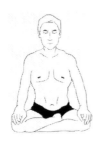

Madhya Nauli

1. Sente-se com a coluna ereta. Respire normalmente por alguns instantes.

2. Faça Simhasana e Uddiyana Bandha. Coloque a língua em Khechari Mudra.

3. Relaxe o abdômen e comece a pressionar as mãos nas coxas. Se você pressionar a mão direita, o reto abdominal direito aparecerá e a mesma coisa acontecerá quando você pressionar a mão esquerda, o reto abdominal esquerdo aparecerá. E se você pressionar as duas mãos ao mesmo tempo, ambos aparecerão juntos.

4. Antes de inalar, relaxe completamente o abdômen.

5. Enquanto sua respiração volta ao normal, direcione o olhar para o Ajna Chakra.

6. Faça um mínimo de 2-3 vezes.

7. A concentração está sempre nos Chakras inferiores, e depois de terminar, em Ajna.

Lembre-se que Nauli deve ser feito com o estômago vazio usando Mula e Jalandhara Bandha.

47. Ashwini Mudra

Satyanada Yoga faz uma clara distinção entre os três grupos de músculos do assoalho pélvico: dos sistemas excretório, reprodutivo e urinário. A contração dos músculos excretórios denomina-se Ashwini Mudra, do urinário Vajroli Mudra, e do períneo Mula Bandha.

Na maioria das pessoas, a região do assoalho pélvico é desconhecida, fechada e cheia de tensões que bloqueiam os Nadis interferindo no fluxo dos circuitos Prânicos. Essa região é um importante centro energético neuroendócrino. Não pode ser ignorada.

Ashwini e outras técnicas de purificação foram ensinadas na Índia por milhares de anos. Elas também são explicadas em detalhes em textos como "Hatha Pradipika", "Gherandha Samhita", "Shiva Shamhita", "Shatkarma Sangraha Raghavira" e muitos outros. Essa técnica foi ensinada de mestre para discípulo.

Este Mudra é bastante parecido com os "Exercícios de Kegel" recomendados para mulheres grávidas em que o esfíncter anal e assoalho pélvico são contraídos e relaxados repetidamente. É também um pouco como Mula Bandha que é usado para contrair o períneo. A prática de ambos é boa porque a irrigação sanguínea vai para a região pélvica beneficiando a vagina e os tecidos uretrais das mulheres.

Normalmente Ashwini Mudra é traduzido como "Mudra da égua" por causa das semelhanças nas contrações que este animal faz com sua área anal e urogenital. Ashwini atua mais nos músculos das costas, por exemplo, o "elevador ani", um nome geral dado a um pequeno grupo de músculos com muitas conexões que podem ser movimentados individualmente. Quando esses músculos estão fortalecidos, eles agem em sequência, movendo-se como uma espiral, para cima. Para aprender a isolar esses músculos é recomendada a prática de Vajroli Mudra, mas para praticar Vajroli você deve aprender primeiro Ashwini. Vajroli atua mais sobre os músculos frontais (diafragma urogenital) e a área do baixo ventre, o músculo púbico-coccígeo.

Em Mula Bandha, o períneo é sugado para cima, pois o diafragma pélvico também é sugado. Isso acontece quando o osso púbico e o cóccix se aproximam um do outro. Ashwini Mudra desperta o Chakra Swadhistana, o Chakra sexual que age sobre procriação e regeneração, mas também tonifica, limpa e purifica os nervos, glândulas, músculos, tecidos e a fáscia do ânus, reto, cóccix e períneo ajudando a ativar Mula Bandha. Traz movimentos sutis para o sacro e cóccix.

Normalmente é praticado com Vajroli Mudra contraindo simultaneamente os músculos e conectando tecidos de toda a área pélvica, dentro e acima.

Em suma, Ashwini Mudra proporciona muitos benefícios físicos, emocionais e espirituais: estimula os órgãos digestivos e alivia a prisão de ventre; alivia hemorroidas; constrói resistência à doença e retarda o envelhecimento; tonifica os músculos pélvicos; fortalece os músculos uterinos; melhora a saúde sexual; acalma a mente; melhora o humor; expande a consciência e dá muita energia. Os aspectos sutis começam a aparecer com a prática. Você experimentará uma onda de consciência e abertura no assoalho pélvico que traz grande relaxamento em toda o complexo corpo-mente. Reduz Apana Vayu e aumenta Prana Vayu.

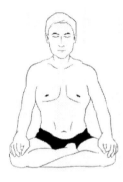

1. Sente-se em uma postura confortável de pernas cruzadas com a coluna ereta. Respire normalmente por alguns segundos.

2. Expire suavemente todo o ar de seus pulmões e depois inspire profundamente pelo nariz. Segure a respiração. Você pode fazer o oposto: segurar a respiração com pulmões vazios.

3. Faça Jalandhara e Khechari Mudra.

4. Comece a contrair todo o assoalho pélvico e conte mentalmente o número de contrações. Quando perder energia nas contrações, levante o esterno e expire pelo nariz.

5. Espere até a respiração se normalizar. Solte Jalandhara Bandha e Khechari Mudra e concentre-se em Ajna Chakra. Esta foi uma "rodada".

6. Repita mais duas ou três vezes. Você notará que consegue fazer mais contrações com o passar do tempo e que a qualidade delas vai melhorar à medida que você ganha consciência da região pélvica e anal.

7. Sua mente ficará muito calma e tranquila.

Lembre-se de fazer Aswhini Mudra ao fazer Antar Kumbhaka ou Bahya Kumbhaka. Tente os dois e veja o que é melhor para você. Nos homens, os genitais se movem para cima e para baixo. É normal que homens e mulheres sintam que o cóccix também está se movendo.

48.Respiração Nadi Shodhana
Purifica e equilibra

"Recomen•a-se fazer a respiração Na•i Sho•hana •epois •e um asana ou antes •a me•itação".

É também conhecida como "respiração das narinas alternadas". O estresse é o inimigo número um, não só desequilibra nossos hormônios, mas quando se torna crônico, nos adoece. Este Pranayama acalma a mente. Ele nos leva rapidamente a um estado de Pratyahara (interiorização), Dharana (concentração) e Dhyana (meditação).

Nadi significa "canal". Shodhana vem de "Shudh" que significa purificar. Então Nadi Shodhana significa purificação dos canais sutis. Um dos seus propósitos é equilibrar as energias frias e quentes no corpo, mas o mais importante, é que permite o livre fluxo de energia através do canal principal, Sushumna.

Em um ciclo de Surya Bedhana Pranayama, a inalação é feita através da narina direita e a expiração através da esquerda. Em um ciclo de Chandra

Bedhana Pranayama, a inalação acontece através da narina esquerda e a expiração através da narina direita. Nadi Shodhana Pranayama combina ambas as técnicas em um único ciclo. Esta técnica tem muitas variações, algumas delas bastante complexas e requerem muita preparação e prática. No GPBALANCE usamos a forma mais simples.

O cérebro é dividido em dois hemisférios: o esquerdo controla o lado direito do corpo e o hemisfério direito controla o lado esquerdo. Os yogis antigos descobriram que o cérebro também era dividido em duas partes, a parte de trás, na base do crânio, o cérebro contemplativo, a sede da sabedoria, e a parte frontal, o cérebro calculista encarregado do mundo externo. Eles criaram Asanas para que o corpo se desenvolvesse uniformemente e as diferentes técnicas de Pranayama, entre elas, Nadi Shodhana para permitir que o Prana passasse pelas as narinas e revitalizasse os dois hemisférios cerebrais, a coluna vertebral e a parte frontal do cérebro.

Naturalmente, mais ar entra por uma narina ao longo do dia do que por outra. Isso porque o sangue muda seu fluxo de uma narina para outra a cada 90 minutos. Como resultado, uma fecha um pouco e a outra abre. A ciência demonstrou que quando a narina esquerda está mais aberta, o hemisfério direito é mais dominante, ativando a criatividade e a emotividade. Por outro lado, quando a narina direita está mais aberta, o hemisfério esquerdo é mais dominante, ativando as funções analíticas e racionais da mente.

Através do Nadi Shodhana Pranayama os yogis foram capazes de modificar o ritmo natural do ar que entra pelas narinas criando um equilíbrio entre ambos os hemisférios do cérebro e o sistema nervoso: um equilíbrio entre excitação e relaxamento (sistema nervoso simpático e parassimpático).

Existem diferentes formas para fechar as narinas. Colocar os dedos desta forma no nariz é chamado de "Prana Mudra", mesmo nome, mas uma técnica diferente da última técnica da seção três. Colocamos o indicador e o dedo médio no centro da testa. Com o polegar direito fechamos a narina direita e com o dedo anelar e o dedo mínimo fechamos a narina esquerda. Você é livre para usar a forma que quiser para fechar as narinas. O que for confortável para você. A mão que você não está usando, a esquerda, repousa sobre sua perna esquerda em Gyan ou Chin Mudra.

São muitos os benefícios e efeitos da respiração Nadi Shodhana: purifica os Nadis; o Prana passa, por sua vez, pelas narinas revitalizando os dois hemisférios do cérebro; reduz a ansiedade e o estresse, e aumenta a clareza mental; regula os níveis de cortisol no sangue; melhora a capacidade cognitiva, bem como as funções respiratórias e metabólicas; o sangue recebe mais oxigênio; equilibra a atividade de Ida e Pingala; acalma a mente; equilibra os sistemas nervosos simpático e parassimpático e estimula os Chakras e as glândulas endócrinas.

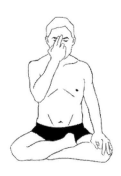

1. Sente-se com a coluna ereta. Certifique-se de que você está sentado em algo para elevar seus quadris.

2. Observe sua respiração por um tempo. É melhor praticar de olhos fechados.

3. Coloque sua mão direita em Prana Mudra. Tanto o polegar quanto os dedos anelar e mínimo estão sempre em contato com as narinas. Mesmo a narina que usamos para inalar deve estar ligeiramente fechada para colocar um pequeno obstáculo, então, pouco a pouco, o controle da respiração se torna mais refinado.

4. Mantendo a narina esquerda completamente fechada, inspire lentamente e profundamente pela direita. Lembre-se que esta narina está parcialmente fechada.

5. Expire suavemente e completamente através da narina esquerda mantendo a direita parcialmente fechada.

6. Inspire pela narina esquerda mantendo a direita fechada.

7. Expire pela narina direita.

Aqui termina um ciclo. O próximo inicia quando você inalar novamente pela narina direita. Este é o nível mais elementar de prática de Nadi Shodhana. Faça 3 ciclos. À medida que você progredir, você pode começar a adicionar Mula e Jalandhara Bandha e segurar a respiração após cada inalação e expiração.

Nota: É importante saber que em algumas escolas de yoga a inspiração começa pela narina esquerda. Toda a respiração deve ser feita usando a respiração completa de yoga. Isso significa usar a capacidade total dos pulmões.

49. Meditação (Contemplação) e Sankalpa final

"Nós não me•itamos para obter algo. Praticamos para nos livrar •e coisas que não precisamos. Me•ite com •esapego, não com •esejo, e quan•o terminar, por favor, não pense que parou •e me•itar. Apenas •iga que mu•ou a postura."

Ajahn Chah, Monge tailandês

Uma palavra melhor para meditação é "contemplação". A palavra para isso em sânscrito é "Dhyana". É uma prática antiga. Todas as práticas espirituais têm meditação. Hoje, a meditação abrange uma ampla gama de práticas. Consegue produzir estados alterados de consciência depois de muita prática diária. É essencial manter o corpo sentado e imóvel. No entanto, existem certos tipos de meditação em que o corpo deve estar em movimento.

O sábio Patanjali nos diz que a meditação nos ajuda a clarear a mente, livrando-nos de nossas impressões subjetivas e objetivas. Quando isso acontece, testemunhamos um estado de vazio que não é inconsciência, sono profundo ou um estado hipnótico. Desconectar o computador mental produz descanso real tanto no corpo quanto na mente. Algo chamado "paz mental".

A tartaruga simboliza o que acontece com a mente durante a meditação. Como a tartaruga que recolhe sua cabeça e pernas para dentro da concha, a mente recolhe os sentidos e deixa o mundo externo para viver uma nova experiência, a experiência do mundo interno. Nesse sentido, meditação é uma terapia para a mente. A experiência espiritual vem depois.

A medicina ocidental investigou seus efeitos e benefícios. Só para citar alguns: estimula o processo anabólico de reparação do organismo e inibe o catabólico que desgasta e envelhece as células; ajuda no autoconhecimento e a melhorar a qualidade do sono; fortalece o sistema imunológico e, claro, desestressa.

As técnicas de meditações não devem ser confundidas com meditação real. As técnicas são apenas ferramentas a serem usadas, não devem ser teorizadas. Meditação é o resultado do que podemos alcançar usando as ferramentas. As técnicas ajudam a centralizar a mente no momento presente desenvolvendo uma nova qualidade: a atenção. A mente é apenas uma máquina de desejos. Está sempre procurando por algo, sempre questionando. A mente não está interessada no momento presente, porque não tem espaço para se movimentar.

Meditação é o estudo da mente, por si mesmo. Hoje, a meditação é frequentemente associada à religião e ao misticismo, mas, em princípio, a meditação é qualquer método para a observação direta da própria mente. Como aprendizes, quando observamos nossas mentes, devemos deixar de lado todas as descrições de segunda mão, dogmas religiosos e conjecturas filosóficas, focando em nossa própria experiência e em qualquer realidade que encontrarmos.

A respiração é uma das ferramentas mais utilizadas na meditação. Muitas vezes, somos aconselhados a sentar corretamente com as costas retas, olhos fechados e a concentrar toda a nossa atenção na respiração que entra e sai das narinas. Não devemos tentar controlar a respiração ou respirar de alguma forma específica. Devemos observar a realidade do momento presente, seja lá qual for. Quando o ar entra, estamos conscientes que o ar está entrando. Quando o ar sai, estamos conscientes que o ar está saindo. E quando perdemos o foco e nossa mente começa a vagar em memórias e fantasias, nós apenas permanecemos conscientes - agora minha mente se afastou da respiração.

Quando nos tornamos mais experientes, somos solicitados a observar não apenas a respiração, mas as sensações em todo o corpo. Não observamos sensações especiais de felicidade e êxtase, mas sim as sensações mais mundanas e comuns: calor, pressão, dor, e assim por diante. O fluxo da mente está intimamente interligado com as sensações do corpo. Entre mim e o mundo há sempre sensações corporais. Eu nunca reajo a eventos no mundo exterior; eu sempre reajo às sensações do meu próprio corpo. Quando a sensação é agradável, eu reajo com um desejo por mais. Se estamos indignados por alguém ter insultado nossa nação, o que torna o insulto insuportável é a sensação de queimação no nosso estômago. Nossa nação não sente nada, no entanto, o nosso corpo doe.

Se você quer saber o que é raiva, basta observar as sensações que surgem e passam pelo seu corpo enquanto você está com raiva. A fonte mais profunda de sofrimento está na mente. Quando eu quero algo e isso não acontece, minha mente reage gerando sofrimento. Sofrimento não é uma condição objetiva no mundo exterior. É uma reação mental gerada pela minha própria mente.

Muitas pessoas, incluindo muitos cientistas, tendem a confundir a mente com o cérebro, mas são coisas diferentes. O cérebro é uma rede neuronal de matéria, sinapses e substâncias bioquímicas. A mente é um fluxo de experiências subjetivas como dor, prazer, raiva e amor. Biólogos assumem que o cérebro de alguma forma produz a mente e que reações bioquímicas em bilhões de neurônios de alguma forma produzem experiências como dor e amor. No entanto, até agora, não temos absolutamente nenhuma explicação para como a mente emerge do cérebro. Por que quando bilhões de neurônios estão disparando sinais elétricos em um padrão, eu sinto dor, e quando os neurônios disparam em um padrão de direção diferente, eu sinto amor? Não temos a menor ideia. Portanto, mesmo que a mente de fato seja criação do cérebro, estudar a mente é uma tarefa diferente de estudar o cérebro, pelo menos por enquanto.

Meditação séria exige muita disciplina. Se você tentar observar objetivamente suas sensações, a primeira coisa que você vai notar é o quão selvagem e impaciente a mente é e como é difícil se concentrar até mesmo em uma sensação relativamente distinta, como a respiração. Conseguimos facilmente concentrar a mente assistindo um bom thriller na TV - mas a mente está tão concentrada no filme que não consegue observar sua própria dinâmica.

Nesta parte da sequência GPBALANCE, depois de terminar a respiração das narinas alternadas -Nadi Shodhana- sentamos de 15 a 20 minutos, dependendo do tempo à nossa disposição e, depois de verificar se a postura está confortável, começamos a observar a mente. Os pensamentos, imagens e ideias começarão a desaparecer mais rápido com a prática regular. A mente entrará em um estado de não-mente.

Pouco antes de deitar para fazer Neo-Tummo e Shavasana, repetimos nosso Sankalpa, como fizemos na primeira seção.

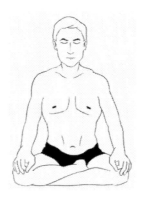

1. Sente-se com as costas eretas.

2. Faça Kaya Sthairyam.

3. Concentre-se em sua respiração.

4. Traga total atenção para sua mente. Você pode usar Shambabhi Mudra, se quiser.

5. Termine a meditação com seu Sankalpa.

50. Neo-Tummo e Shavasana

Ambas as técnicas são feitas na posição ⋅eita⋅a. Depois que termi-namos Neo-Tummo, continuamos com Shavasana, estican⋅o as pernas e colocan⋅o os braços nas laterais ⋅o corpo.

Neo-Tummo

(Por favor, verifique o Livro 4 sobre Respiração)

1. Deite-se de barriga para cima em uma superfície dura, de preferência no chão, com um ou dois cobertores dobrados para apoiar a cabeça (apenas se necessário) e mantenha o queixo para baixo (Jalandhar Bandha).

2. Estique os braços atrás da cabeça para permitir que mais ar entre nos pulmões e coloque as pernas em Supta Baddha Konasana. O objetivo é permitir o movimento dos quadris (inclinação pélvica) ao fazer a respiração Neo-Tummo, contraindo ao mesmo tempo a região urogenital. A inclinação da pélvis e a contração da região urogenital acontece naturalmente. Se manter as pernas em Supta Baddha Konasana for um problema, coloque um travesseiro ou bolter sob os joelhos, ou simplesmente flexione os joelhos e apoie a planta dos pés no chão para que toda a parte de trás das costas esteja apoiada no chão.

3. Faça algo entre 60 e 108 respirações rápidas e profundas, inalando através do nariz da forma yóguica, e exale pela boca, para que você possa soprar mais CO_2. No final da inalação, a região urogenital (Mula Bandha) naturalmente irá contrair e os joelhos (se você estiver em Supta Baddha Konasana) se moverão ligeiramente para cima e a parte inferior das costas encostará no chão e, ao exalar, os joelhos descerão novamente, e a região lombar vai subir um pouco.

4. No final da última expiração, deixe cerca de um quarto de ar nos pulmões e segure a respiração até sentir a necessidade urgente de voltar a respirar.

Isso acontece quando você já reabasteceu o dióxido de carbono que perdeu. Segure a respiração sem forçar, confortavelmente, por cerca de 1 minuto no primeiro ciclo. Na segunda e terceira vez que repetir a técnica, você provavelmente será capaz de segurar a respiração por um minuto e meio ou 2 minutos. Então, inspire novamente, o mais profundo que puder, e segure a respiração por 15-20 segundos visualizando Ajna Chakra. Você pode repetir isso quantas vezes quiser. Normalmente, três vezes são suficientes.

5. Ao segurar a respiração com pulmões vazios, direcione o formigamento geral que você sente em todo o corpo, mais perceptível nos dedos das mãos e dos pés na maioria das pessoas, para seus Chakras, órgãos ou glândulas. Você escolhe. Na segunda vez, o formigamento torna-se uma vibração de baixa frequência mais fácil de direcionar e executar o que Mantak Chia chama de "Micro Órbita", que é concentrar a energia vibracional no Muladhara Chakra e, em seguida, movê-la para Swadhistana e assim por diante, ao longo da parte de trás do corpo até Sahasrara e descê-la pela parte frontal dos Chakras começando em Visshudhi até Muladhara. Isso é um ciclo. Faça quantas vezes coneguir, lentamente, permanecendo em cada uma.

Finalmente, continue deitado de costas - Shavasana - respirando normalmente enquanto se concentra em seus Chakras ouvindo um áudio do YouTube sobre Chakras ou concentrando-se em seus órgãos e glândulas. Você também pode fazer Yoga Nidra. Esta parte final leva cerca de 15 minutos.

Literalmente, Shavasana significa "postura do cadáver". Para ser capaz de relaxar profundamente, primeiro devemos deixar o corpo imóvel, depois a mente. É o mesmo que fazemos na meditação. Meditação guiada usando a técnica chamada "Yoga Nidra" é uma meditação onde nossa mente fica apenas na fronteira entre o estado de vigília e sono. Existem muitos áudios disponíveis no YouTube. Por favor, escolha os da escola Swami Satyananda. 10 a 15 minutos de Shavasana são suficientes para terminar a prática de GPBALANCE.

De Shavasana, sentamo-nos com coluna ereta em Sukhasana (postura fácil de perna cruzada) ou outra semelhante, e com as palmas das mãos unidas em frente ao peito, entoamos:

OM

Shanti, Shanti, Shanti

Hari Om

Principais fontes de referência dos 10 livros da coleção yoga

Ada P. Kahn, MPH, Arthritis, Causes, Prevention & Treatment", 1992

Alberto Villoldo PhD, "One Spirit Medicine. Ancient ways to Ultimate Wellness". Hay House, Inc. 2015.

Alberto Villoldo, PhD, "Shaman, Healer, Sage", 2000.

Alfred Kinsey, "Kinsey Reports": "Sexual Behavior in the Human Male" (1948) and "Sexual Behaviour in the Human Female" (1953), published by Saunders.

Amy Cuddy, Social Psychologist, Harvard Business School. TED Talks.

Amy Myers, MD, "The Autoimmune Solution", 2015.

Amy Myers, MD, "The Thyroid Connection", 2016.

Alexis Carrel, "La incógnita del Hombre", Agnus Dei Publishing, 1935.

Bertrand Russel. "Why I Am Not a Christian". Simon and Schuster, 1957.

Carlton Fredericks, PhD, "Low Blood Sugar and You", 1979.

Daniel J. Levitin, "Successful Aging". 2020.

David A. Sinclair, "Lifespan. Why We Age and Why We Don´t Have to", 2019.

Denis De Rougemont, "L´Amour et l´Occident"

Dinah Rodrigues, "Hormone Yoga Therapy".

Eran Segal, TEDx talk, June 2016.

Fabian C. Barrio, "Los ingredientes de la felicidad". YouTube, 2020

Fiona McCulloch, N.D. "8 Steps to Reverse Your PCOS", 2016

Francesco Alberoni, "L´erotismo". Garzanti Editore s. p. a. 1986.

Gustavo Ponce, "Cuentos de la India: Sinfonía para el Alma", Colección Cuerpo-Mente, 2008.

Gustavo Ponce, "La respiración", 2008.

Harvey y Marilyn Diamond, "La Anti-Dieta", 1985.

Henry Miller, "Tropic of Capricorn". Grove Press, Inc. 1961.

Howard Gardner, "Changing Minds", 2006

James Dinicolantonio and Dr. Jason Fung, "The Longevity Solution. Rediscovering Centuries-Old Secrets to a Healthy, Long Life". First published in 2019 by Victory Belt Publishing Inc.

James Nestor, "Breath, The New Science of a lost Art", 2020.

Jason Fung, MD, "The Complete Guide to Fasting", 2016.

John Steinbeck, "Las uvas de la Ira". Penguin Books. 2002.

Judith Swarth, MS, "El Estrés y la Nutrición", 1992.

Linda Geddes, "Chasing the Sun", 2019

Loretta Breuning Graziano, "Meet your Happy Chemicals". Inner Mammal Institute, 2012.

Louise Tenney, "Nutritional Guide", 1991.

Mantak Chia, "La Pareja Multi-orgásmica", 2000.

Master and Johnson, "Human Sexual Response", Little, Brown, and Company; Revised edition (April 30, 1988)

Master and Johnson, "Human Sexual Inadequacy", Ishi Press (February 7, 2010)

Matt Ritchel, "An Elegant defense: The extraordinary Mew Science of the human Immune System", 2019

Matthew Walker, PhD. "Why we sleep. Unlocking the power of sleep and dreams", 2017.

Mario Quintana, "Felicidade Realista".

Michio and Aveline Kushi, "Macrobiotic Diet", 1985.

Nazir Diuna M. D. "Manifiesto del Pene", 2017

Neil Barnard, MD, "Your Body in Balance. The new Science of food, hormones and health".

Neil H Riordan, "Stem Cell Therapy, a Rising Tide", 2017

Nelson Rodrigues, "Myrna"; "Nao se pode ser amar e ser feliz ao mesmo tempo". Editora Schwarcz Ltda. 2002.

Osho, "Tantra, The Supreme Understanding", 1993.

Osho, "Sex", 1981.

Patrick Mckeow, "The Oxygen Advantage". 2016

Pete Egoscue, "Pain Free",1998.

Peter J. D´Adamo with Catherine Whitney, "Eat right for your Type". 1996

Penny Stanway, "Dieta, Guía Práctica", 1990.

Ruediger Dahle, Thorwald Dethlefsen, "The healing power of Illness: understanding what your symptoms are telling you". 2002. (First published in 1983)

Sara Gottfried, MD, "The Hormone Cure", 2013

Scientific American, "Stressed Out. Causes, Effects & Keeping Calm", 2020.

Share Hite, "Hite Rapporten Om Kvinders Seksualitet" Tiderne Skifter, 1976.

Sibinka Bajic, MD, PhD, "The New Science of Exercise", 2017

Sibinka Bajic, MD, PhD, "Neuroscience of Yoga", 2017

Simone de Beauvoir, "La Vieillesse", 1970, Éditions Gallimard.

Stephen Hawking, "A Brief History of Time". Bantam Books, 1988.

Steven R. Gundry, MD, "The Plant Paradox", 2017

Theodor Reik. "Love and Lust. On the Psychoanalysis of Romantic and Sexual Emotions". Transaction Publishers, 2002

Tim Spector, "The diet Myth: The real science behind what we eat", 2017.

Tim Spector, "Spoon-Fed: Why almost everything we´ve been told about food is wrong", 2020.

TIME, "The Science of Exercise".

TIME, "The Science of Stress",

Valter Longo, PhD, "The Longevity Solution", 2018.

Walter M. Bortz II MD, "We live too short and die too long", Bantam Books, 1991.

William J. Broad, "The Science of Yoga: Risk and the Rewards", New York Times, 2012

William W. Li, MD, "Eat to Beat Disease". Grand Central Publishing, 2019

Wulf Drögue, "Avoiding the first cause of Death". Can we live longer and better?" Universe, Inc. New York, 2009.

GPBALANCE é composto por 50 técnicas divididas em 5 seções: A primeira e a quinta e última são realizadas na posição sentada com a coluna ereta; a segunda seção é feita na posição deitada com as costas no chão; a terceira seção é composta por diversas posturas em pé (uma parte dessa seção é opcional uma vez que algumas pessoas podem apresentar dificuldades por motivo de idade ou condição física); a quarta é realizada com o rosto em direção ao chão. Cada seção e técnica será detalhada ao longo do livro.

A prática completa leva aproximadamente 1 hora e 15 minutos. A meditação e o relaxamento podem durar mais meia hora. Já que a maioria das pessoas não consegue disponibilizar tanto tempo para a prática completa, é possível adaptá-la ao tempo disponível. Sugerimos o mínimo de 20 a 30 minutos diários. Alguns dias você pode praticar exclusivamente a primeira e segunda seção; nos outros dias você pode concentrar-se nas outras seções. Ao praticar GPBALANCE, você criará sua própria rotina. Recomendamos evitar praticar após o jantar. Pratique sempre com o estômago vazio. O melhor horário é cedo, antes do café da manhã.